CONTE *verlag*

Martin Bettinger

Ein Galgen für meinen Vater

Eine Zumutung

CONTE *belletristik*

Bibliografische Information der Deutschen Nationalbibliothek
Die Deutsche Nationalbibliothek verzeichnet diese Publikation in der Deutschen Nationalbibliografie; detaillierte bibliografische Daten sind im Internet über http://dnb.d-nb.de abrufbar.

ISBN 978-3-95602-010-0

Am Rech 14
66386 St. Ingbert
Tel: (06894) 1664163
Fax: (06894) 1664164
E-Mail: info@conte-verlag.de
Verlagsinformationen im Internet unter www.conte-verlag.de

Lektorat: Jessica Philippi
Umschlag und Satz: Markus Dawo
Druck und Bindung: Conte Verlag GmbH

In der Kindheit war ich den Vögeln am nächsten,
schloss mich rennend ihren Schatten an …
Dann stellte ich mir mein Begräbnis vor:
Wie die Mehlschwalbe verschwinde ich oben im Lehm,
nicht unten.

Marian Nakitsch

Wenn es die Arbeit nicht gäbe, müsste man sie erfinden, pflegte Vater zu sagen. Er war Ingenieur. Er ist immer noch Ingenieur. Nur hat er vor einigen Jahren den Stift an den Nagel gehängt. Fauler Hund, sage ich manchmal im Spaß, kaum vierundachtzig und macht den Laden schon dicht. Er ist um Antworten nicht verlegen, doch diese schenkt er sich. Ich kenne sie. Was die Arbeit angeht, holt ihr mich sowieso nicht mehr ein. Außerdem hätte er mit dem Berufsleben nicht aufgehört, wenn sein Sohn nicht aufgehört hätte. Mein älterer Bruder ist auch Ingenieur, nur hat er zu seinem Fünfzigsten seinen Vorsatz verwirklicht und sein Planungsbüro verkauft. Und Vaters jüngster Sohn, das bin ich, hat mit einer Tätigkeit, die Vater mit Arbeit gleichsetzen würde, gar nicht erst angefangen. Bergführer ist kein Beruf. Nicht wenn man eine Tagesreise von den Bergen entfernt wohnt und seinen Unterhalt in Sport- und Kletterhallen verdient.

Mein Name ist Tom, mein Bruder heißt David. Als Ingenieur hat er es zu einem Doktortitel gebracht. »Doc Holiday« nennen ihn die Leute im Dorf. Dabei stimmt es nicht, dass er nur noch Ferien macht. Wenn er nicht mit seinem Camper unterwegs ist, baut er sich ein Haus in Neuseeland. Jeden Winter geht der Bau ein Stück weiter, und was er auf dem neuseeländischen Markt nicht findet, schickt er von Deutschland aus mit dem Schiff. Heute ist er in die Stadt gefahren, um einen Ofen zur Verladung nach Hamburg zu schicken. Ich bin auch mit einer Besorgung unterwegs, doch meine Fahrt geht nur zwei Ortschaften weiter. Und was ich dort abhole, passt in den Kofferraum meines Autos: einen Galgen für Vater.

Wäre Vater im Krankenhaus gestorben, bräuchten wir keinen Galgen. Doch er hat die Intensivstation überlebt. Dabei wollte er sterben. »Jedes Mal«, sagte er, »wenn mein Atem aussetzte, dachte ich, jetzt ist es gut. Atme nicht mehr, hör einfach auf! Doch es ging nicht. Anscheinend kann man nicht sterben, wenn man es *will.*«

»Sanitätshaus« steht über dem Eingang. Ich war schon einmal hier, um mit Mutter einen Rollator für ihre Schwester zu holen.

»Oh je«, sagte sie, als wir wieder nach Hause kamen. »Was da alles rumsteht! Was die alles haben. Wenn man das nur nicht mal braucht.«

»Uninteressant«, hatte Vater gesagt. »Koch Kaffee.«

Sanitätshäuser gehörten nicht zu den Orten, die Vater interessierten. Das Wort gehörte nicht einmal zu seinem Vokabular. So wenig wie »Altenbetreuung« oder »Pflegebedarf«. Friedhof gehörte zu seinem Vokabular, doch er machte einen Bogen drumherum. Und wenn sich seine Anwesenheit bei einer Beerdigung nicht vermeiden ließ, schaute er sich die Hinterbliebenen an. Was er bei jungen Witwen dachte, behielt er für sich. Und was er bei älteren Witwen dachte, sagte er regelmäßig auf der Heimfahrt: »Was macht die jetzt mit dem Auto? Verkauft sie es? Fährt sie es selbst? Hat die 'nen Führerschein?«

Vater kümmerte sich gerne um die praktischen Belange des Lebens. Und Autos waren nicht nur praktisch, sie gehörten zu den erfreulichsten Errungenschaften des Alltags. Außerdem gehörten sie zu den Eckdaten seiner Biografie.

Sein erster Wagen war ein VW in den fünfziger Jahren. Er brachte Vater und Mutter über den Gotthard. Der zweite Wagen war wieder ein Käfer, und er brachte die Eltern hinauf auf den Großen Sankt Bernhard. Allerdings gerieten sie bei der Abfahrt in eine Kuhherde, und als Vater sich hupend und blinkend zwischen die Tiere schob, setzte sich eine Kuh auf die Haube und zerdrückte sie wie das Blech einer Keksdose.

Ein Peugeot 404 brachte meinen Bruder. Und einen neuen Beifahrersitz. »Eure Mutter! Ich sag noch, mach langsam. Aber zehn Meter vorm Krankenhaus geht ihr das Fruchtwasser ab. Das Polster war hin.«

Dann kam ein Volvo, und dann begann die Reihe der Marke Mercedes. »*Grande classe*«, pflegte Vater zu sagen. Ob er je gedacht hätte, dass sein letztes Fahrzeug ein Rollstuhl sein würde? Und sein letztes Möbel ein Galgen?

Vaters Weg vom jugendlichen Kriegsheimkehrer über den technischen Zeichner zum Ingenieur im Planungsbüro dauerte ein halbes Jahrhundert. Sein Absturz zum Pflegefall geschah in einer einzigen Nacht. Es begann damit, dass er seinen Fuß nicht mehr spürte. Mittags hatte er noch den Garten geharkt, abends saß er vorm Fernseher und verspürte heftige Schmerzen im Bein. Er nahm Tabletten ein und ging schlafen. Doch am nächsten Morgen stürzte er im Bad und zerbrach den Toilettensitz. Dazu kehrten die Schmerzen zurück. Der Fuß war inzwischen kalt und geschwollen, eine Thrombose stellte man im Krankenhaus fest. Ein Gerinnsel hatte die Blutbahn verstopft, und der Fuß begann abzusterben.

Vater blieb im Krankenhaus, wurde operiert und mittels eines Stents gelang es, die verstopfte Blutbahn wieder zu öffnen. Als Vater aus der Narkose erwachte, war er verwirrt und benommen, doch der Fuß war wieder durchblutet, und von Stunde zu Stunde wurde er wärmer.

»Es wird!«, sagte Vater. »Und ich dachte schon, den müssen wir amputieren.«

In seine Augen kehrte das alte Leuchten zurück. Er machte bereits wieder Pläne. »Vielleicht gehe ich nachher besser als vorher. Vielleicht kann ich sogar wieder wandern.«

Auch sein Humor kam zurück. »Schwester«, rief er. »Sagen Sie ab!«

»Bitte?«

»Na, im Himmel wird doch Fußball gespielt. Die hatten mich für Sonntag schon aufgestellt. Sagen Sie, die haben meinen Vertrag hier verlängert!«

Und zu uns sagte er: »Bringt mir morgen den *Stern* mit. Und was anderes zu trinken, nicht diesen Tee.«

Am nächsten Morgen brachten wir ihm Orangensaft und den *Stern*, doch aus dem stationären Patienten war über Nacht ein Intensivfall geworden. Kanülen und Schläuche hingen aus seinem Körper, im Gesicht trug er eine Plastikmaske zum Atmen, darüber starrten seine Augen blicklos zur Decke. An Füßen und Handgelenken war Vater gefesselt, unter den Bändern hatten sich Blutergüsse gebildet.

Ein Durchgangssyndrom, erklärte der Arzt. In der Nacht war Vater aggressiv und ohne Orientierung erwacht. Er hatte versucht, sich die Infusionen aus den Armen zu reißen, er hatte die Pfleger beschimpft, und immer wieder hatte er versucht, das Bett zu verlassen. Man habe ihn fixieren und mit starken Medikamenten ruhigstellen müssen. Schlimmer als diese Panikattacke sei jedoch der Zustand von Lunge und Herz. Das Herz sei zu schwach, die Lunge zu entwässern.

In der folgenden Nacht setzte Vaters Atem aus, doch mit einem Beatmungsbeutel brachten sie seine Lungen wieder in Gang. Auch in der nächsten Nacht mussten sie den Beutel ansetzen, dann wurden seine Nächte stabiler. Manchmal war Vater vollkommen klar, fragte nach Mutter, nach seinem Enkelkind, dann war er wieder verwirrt, fragte nach seinem Bruder, der zehn Jahre tot war, sprach von »Räubern«, die seine Uhr und den Rasierer gestohlen hätten.

Schließlich kam ich auf die Station, und Vater war nicht mehr da. Man habe ihn von Intensiv auf die Innere verlegt.

»Dann geht es ihm besser?«

Der Arzt hielt sich mit Prognosen zurück. Vater sei ein schwerkranker Mann. Sein Herz erbringe noch eine Leistung von dreißig Prozent. Sie hätten ihn im Rahmen der Möglichkeiten stabilisiert, alles Weitere müsse man abwarten.

Was meinte er mit der Auskunft? Hatten sie ihn verlegt, weil er die Intensivmedizin nicht mehr brauchte, oder hatten sie ihn verlegt, weil die Medizin nichts mehr nutzte? Auf der Inneren fand ich Vater gar nicht. Man teilte mir mit, er liege auf einer Station, die sich Komfortstation nannte. Das habe mit seinem Anspruch auf Einzelzimmer zu tun. Das mochte zutreffen, doch ich konnte mir für seinen Komfort auch andere Gründe vorstellen.

Ich lief zu dieser Abteilung, und meine Befürchtungen wuchsen. In diesem Stock waren nur wenige Zimmer belegt. Das Licht war gedämpft, und zwei Schwestern hockten in ihrer Glasbox, als bestehe ihre Hauptaufgabe darin, zu warten. Ich fragte nach Vater, und die Frau, die mich zu ihm führte, sprach so behutsam und leise, als trüge ich den Trauerflor schon am Arm.

Vater lag in einem frischen Schlafanzug in einem freundlichen Zimmer. Im gedämpften Licht hatte sein Gesicht eine seltsame Farbe. Wie gebräunt sah es aus. Doch es war nicht das Sommerbraun, das ich an ihm kannte, es war nicht das Braun, das er aus den Bergen mitbrachte, es war ein Braun wie aus Ton, wie aus Lehm, als trüge seine Haut schon die Farbe aufgeworfener Erde.

Sie hatten ihn rasiert und gekämmt, und den Fernseher unter der Decke hatten sie eingeschaltet. Jetzt lief ein Fußballspiel, ohne Ton.

»Vorhin hat er die Arme gehoben und Tor gerufen«, sagte die Schwester.

Ich nahm mir einen Stuhl und rückte ans Bett. Die Schwester ließ uns allein.

»Wie geht's?«, fragte ich.

Ein winziger Blick unter schwer gewordenen Lidern, dann schaute er wieder ins Leere.

»Hast du Hunger?«

Er schüttelte den Kopf.

»Willst du was trinken?«

Er reagierte nicht.

Ich nahm eine mit Tee gefüllte Schnabeltasse vom Nachtschrank und führte sie an seine Lippen. Er trank ein Schlückchen, dann schloss er den Mund. Ab und zu schaute er zum Fernseher hoch, dann wieder nur vor sich hin. Einmal, als der Ball zu einem Freistoß zurechtgelegt wurde, nahm er meine Hand und hielt sie. Jetzt schauten wir uns beide den Freistoß an. Er prallte von der Mauer zurück, und der Nachschuss verfehlte das Tor. Vaters Blick blieb jetzt auf dem Bildschirm.

Sollte sein letztes Bild dieser Erde ein Fußballspiel sein? Warum nicht, dachte ich. Vater hatte Fußballspiele gemocht. Als Zuschauer vor dem Fernseher, als junger Mann auf dem Platz, als Großvater mit seiner Enkelin.

»Mann«, hatte er letzten Sommer gesagt, »wenn ich nur noch einmal wie früher gegen einen Ball treten könnte!«

Und soweit ich zurückdenken konnte, war eine seiner liebsten Vorstellungen, eine Tarnkappe zu besitzen. Damit würde er sich im Strafraum rumtreiben. »Die würden verrückt werden. Die könnten das gar nicht kapieren. Aber der Ball wäre drin, oder nicht drin, ganz wie ich will.«

Noch vor Ende des Spiels schlief Vater ein. Ich schaltete den Fernseher aus und schaute ihn an. Seine Hände, die stets geschickter waren als meine, seine Schultern, noch immer knochig und stark, sein schmaler Mund, der schweigen konnte, zuverlässig wie eine Gerade, dann wieder übermütig Scherz auf Scherz folgen ließ. Vater, der Fels, und Vater, der Clown. Und jetzt? Vater reglos auf einem fahrbaren Bett.

An seinem Hals sah ich das Pochen des Herzens. Als schlage jemand von innen gegen die Haut. Mal heftig und schnell, dann wieder langsam und schwach. Und ab und zu verebbte das Pochen. Kein Puls mehr, auch die Atmung blieb stehen, doch nach einer Pause, in der ich selbst kaum zu atmen wagte, setzte der Daumen unter seiner Haut wieder ein. Kam so der Tod? Als Daumen an Vaters Hals? Als Däumling, der noch ein wenig trommelte, bevor ihm langweilig wurde?

Ab und zu hob er stöhnend den Arm. Als wolle er fechten oder eine Bedrohung abwehren. Doch schließlich begriff ich, die Geste hatte eine andere Bedeutung. Gedreht wollte er werden. Es schmerzte ihn, zu lange auf der gleichen Stelle zu liegen. Also drehte ich ihn. Und wartete. Gegen elf kam ein Pfleger ins Zimmer.

»Sie bleiben über Nacht? Ich kann Ihnen eine Decke bringen und einen Liegestuhl.«

»Danke, das brauche ich nicht. Aber zeigen Sie mir, wie man ihn dreht.«

Der Pfleger zeigte es mir, und mit den richtigen Hebeln und Vaters Eigengewicht war es weniger schwer, seinen Körper zu wenden. Etwa alle zwanzig Minuten veränderte ich seine Position; um ihm das Liegen zu erleichtern, und vielleicht auch das Sterben. Ich wusste nicht mehr, ob es spät oder früh war, ich wusste auch nicht, ob ich traurig war oder froh, ich spürte nur, hier neben Vater zu sitzen und ihn ab und zu auf die andere Seite zu drehen, war das Sinnvollste, was ich seit Jahren oder überhaupt je getan hatte.

Mir kam es jetzt vor, als sei der Tod schon eine Weile im Zimmer, als sei er ganz nahe zu Vater gerückt, als trenne die beiden nur eine winzige Spanne. Und nur deshalb holte Vater noch Atem, nur deshalb hob er hin und wieder den Arm, um einen letzten, allerletzten Anlauf zu nehmen, hinüber zu ihm.

Vater schaffte es nicht. Er kam nicht an beim Tod, wie er früher nicht ankam beim Schlaf. Zeitlebens war er ein schlechter Schläfer gewesen, zeitlebens blieb irgendetwas in ihm auf dem Posten, wie er es nannte. Der junge Soldat, der Vater, der seine Söhne in die Berge mitnahm, der Ingenieur in seinen Projekten. Und so blieb auch in dieser Nacht ein letzter unmöglicher Rest von ihm auf dem Posten.

Ein anderer gab auf. Der Däumling zog sich zurück. Denn als draußen über den Giebeln der Häuser die Dämmerung aufstieg, hatte der Tod das Krankenzimmer verlassen. Auch er schien einen neuen Anlauf zu brauchen, denn im Hellen konnte er einen wie Vater nicht holen. Nicht Vater, den Schaffer und Macher, am Tag.

In der folgenden Nacht löste mich David an Vaters Krankenbett ab. Dann löste ich ihn wieder ab, und als er am nächsten Morgen ins Krankenhaus kam, waren wir einer Meinung.

»Wir holen Vater nach Haus.«

»Wir hätten ihn gar nicht hinbringen sollen«, sagte David, als wir dem Krankenwagen folgend nach Hause fuhren.

»Was hättest du sonst tun wollen?«

»Ich weiß nicht, aber heute Morgen kam es mir vor,

als hätte ihn der alte Witz eingeholt: Operation gelungen, Patient tot.«

»Du übertreibst. Vorhin hat er schon wieder nach Mutter gefragt.«

David schüttelte den Kopf. »Die Fassade steht noch, aber das Haus ist ausgebombt. Wie es aussieht, haben sie sein Herz gerettet und sein Gehirn geopfert. Ich möchte nicht wissen, wie viele Hirnzellen in diesen Tagen abgestorben sind.«

»Er hatte ein Durchgangssyndrom. So was verschwindet wieder. Deshalb heißt es ja Durchgangssyndrom.«

»Schön wäre es, aber ich glaube nicht dran. Ich würde es ihm wünschen. Und uns würde ich es wünschen! Aber wenn wir jetzt heimkommen, haben wir ein anderes Problem.«

»Mutter.« Ich nickte. »Sie kann die Pflege nicht übernehmen. Das müssen wir übernehmen.«

»Vater als Pflegefall«, sagte David. »Weißt du, was das heißt?«

»In ein paar Tagen werden wir's wissen.«

»Heute Nacht wirst du's wissen.«

Vaters Fuß war wieder durchblutet, doch er konnte aus eigener Kraft weder gehen noch stehen. So hatten wir für seine Rückkehr einige Vorbereitungen getroffen.

Rollator und Rollstuhl standen bereit, im Bad waren Haltegriffe installiert, und die Wanne war mit einem Hubsitz versehen. Morgens und abends würde ein ambulanter Pflegedienst kommen, und für die erste Zeit wollten David und ich wechselweise die Nächte bei Vater verbringen.

Mutter hatte für seine Rückkehr einen Kuchen gebacken, sie hatte seine Fernsehsendungen auf einen Zettel geschrieben, und der neue *Stern* lag mit aufgeschlagenem Rätsel auf dem Küchentisch. Vater war zufrieden über die gewohnte Umgebung, doch Rätsel oder Fernsehen interessierten ihn nicht. Auch der Kuchen interessierte ihn nicht. Am ersten Nachmittag saß er im Wohnzimmer in seinem Sessel und schüttelte seine Uhr. Oder betrachtete seine Uhr. Er hielt sie ans Ohr und schüttelte wieder.

»Was ist mit der Uhr?«, fragte ich.

»Sie steht.«

»Das hatten wir schon mal. Du musst den Arm mehr bewegen.«

»Das tue ich doch. Ich schüttele sie.«

»Und?«

»Nichts.«

»Lässt sie sich aufziehen?«

»Die braucht man nicht aufziehen.«

Es war eine Uhr mit automatischem Aufzug. Wenn man den Arm bewegte, spannte sich die Feder der Uhr von allein. Vater war stolz gewesen, als einer der ersten eine solche Uhr besessen zu haben. Auch als die Quarzuhren aufkamen, blieb er bei dieser Uhr. Kein Batterietausch, kein Aufziehen, sein *perpetuum mobile*, wie er es nannte. Jetzt war sie stehen geblieben.

»Manchmal meine ich, sie hat sich bewegt. So ein bisschen.«

»Wahrscheinlich ist sie einfach kaputt.«

»Die war dreißig Jahre nicht kaputt.«

»Irgendwann bleibt die beste Uhr stehen. Ich bring sie zum Huber.«

»Was?«

»Ich bring sie zum Huber.«

Vater überlegte, dann sagte er: »Ja, bring sie zum Huber.«

»Huber« hieß der Uhrladen in der nahegelegenen Stadt. Ich ging zu Vater, um die Uhr an mich zu nehmen, doch er schloss die Faust drumherum, beide Fäuste, und drückte sie an seinen Bauch.

»Ich probier noch ein bisschen.«

Er schüttelte wieder. Und schaute wieder. Hielt sie ans Ohr. Ich überlegte, wie ich ihn von dieser Uhr wegbringen konnte. Erst war ich froh, dass er überhaupt an etwas Interesse zeigte, doch inzwischen saß er schon Stunden mit dieser Uhr.

»Soll ich dir eine andere bringen? Du hast auch andere Uhren.«

In Vaters Augen war ein seltsamer Zug. Als müsse er auf der Hut sein, als könne er meinem Angebot nicht unbedingt trauen. Schließlich fragte er: »Wo habe ich andere?«

»Im Tresor.«

Auch dieses Wort schien er aus einiger Entfernung holen zu müssen. Doch er fand es. »Im Schrank!«, sagte er.

»Genau«, sagte ich und freute mich, dass ihm das einfiel. »Warte, ich hol sie.«

Vater hatte im Schlafzimmerschrank einen kleinen Tresor. Für die Munition, wie er sagte. Damit meinte er die Patronen seiner Pistole, damit meinte er einen kleinen Vorrat an Bargeld, und damit meinte er eine Kassette mit Schmuck. Ich brachte ihm die Kassette.

Neben einigen Schmuckstücken enthielt sie mehrere Uhren. Auch deren Zeiger waren stehen geblieben, doch das störte ihn nicht. Seine Uhr aus der Wehrmachtszeit, seine Hochzeitsuhr, seine silberne … Vater nahm jede der Uhren in die Hand, und bei jedem Stück erwähnte er, was er auch früher erwähnte: Wo und wann er es erworben hatte und was seine Besonderheit war. Die alten Geschichten interessierten mich nicht, doch das war nicht wichtig. Vater erzählte nicht mir, sondern sich. Uhr für Uhr brachte ihn auf die Spur zu sich selbst. Und dann kam er zu einer Geschichte, die auch mich interessierte, denn sie brachte uns beide in die Berge zurück.

»Was ist da drin?«, fragte er.

»Zahngold«, sagte ich.

»Und was noch?«

»Ein Haken.«

Er nickte. Und klappte ein Holzkästchen auf. Es enthielt Goldplomben und Kronen für Zähne, die er nicht mehr besaß.

»Du hattest eine Menge Zähne«, sagte ich.

»Ich habe immer noch welche«, sagte er.

Doch die Goldplomben im Kästchen waren nur Tarnung. Er kippte das Zahngold in seine Hand, nahm den Watteeinsatz heraus und entnahm einen verbogenen Haken.

»Sechs Zentimeter«, sagte er.

»Die Toni und dich gehalten haben«, ergänzte ich.

Vater nickte. Neben seiner Wehrmachtsuhr war dieser Haken eines seiner liebsten Erinnerungsstücke. Auch für mich war der Haken ein Erinnerungsstück. Zu Vaters Sechzigstem stieg ich mit David in die Wand, setzte einen neuen Haken und brachte Vater den alten. Für David war die Sache nur ein originelles Geburtstagsgeschenk, doch für mich begann mit dem neuen Haken ein anderes Leben. Ich klinkte den Karabiner ein und hängte meine Zukunft daran. Ich wollte Bergführer werden.

»Walter! Walter!«

In der Nacht hatte mich Vater schon ein paarmal gerufen, damit ich ihn im Bett auf die andere Seite drehe. Einmal hatte er »Arnold!« gerufen, einige Male meinen richtigen Namen, jetzt rief er »Walter!« Walter und Arnold hießen seine verstorbenen Brüder.

Als ich dieses Mal in Vaters Schlafzimmer kam, lag er neben dem Bett auf dem Boden. Er war auf die Schaumstoffmatratze gefallen, die ich davor gelegt hatte. Mit einer Hand umklammerte er den Bettfuß, mit der anderen hielt er seine Schlafanzughose.

»WALTER …«

»Schon gut, Vater. Ich bin da.«

»Tom!«, jetzt nannte er mich beim richtigen Namen. »Mir ist was passiert!«

»Nicht schlimm«, sagte ich. »Bleib einfach so liegen.«

Ich sah, was passiert war. Er war aus dem Bett gestürzt, und vor Schreck hatte er sich in die Hosen gemacht. Es machte mir nichts aus, ihn sauber zu machen. Es machte mir so wenig aus, wie ein Kind sauber zu machen. Ich zog ihm die Hosen aus und wusch ihn. Dann zog ich ihm einen frischen Schlafanzug an, und mit einiger Mühe hob ich ihn zurück in sein Bett.

»Geht es so?«, fragte ich, als ich ihn wieder zugedeckt hatte.

»Eben wusste ich gar nicht mehr, wo ich bin. Ich dachte, mich hätte jemand gefesselt.«

»Das kommt von der Decke. Beim Drehen schlingt sich die Decke um deine Beine.«

»Aber auf dem Rücken kann ich nicht schlafen.«

»Deshalb komme ich ja und drehe dich.«

Er nickte.

»Jetzt schlaf wieder«, sagte ich. »Und wenn du gedreht werden willst, rufst du.«

Er schaute einen Moment vor sich hin, dann sagte er: »Nimm mal die Decke weg.«

»Das wird zu kalt.«

»Nimm sie weg!«

Ich schlug die Federdecke zur Seite. Vater presste die Handflächen auf die Matratze und kniff die Lippen zusammen. Dann hob er die Füße in die Luft und begann, Rad zu fahren.

»Das gibt es doch nicht«, staunte ich. »Das ist ja … sagenhaft!«

Er stellte die Füße wieder auf die Matratze.

»Ruf mal Mutter!«

Ich ging zu Mutter, die seit Jahren ihr eigenes Schlafzimmer hatte, und weckte sie. Kurz danach schauten wir beide zu, wie Vater Rad fuhr. Der Mann, der bis vor wenigen Tagen im Sterbezimmer lag, fuhr Rad!

»Bravo!« Mutter klatschte in die Hände.

»Der Kapitän ist zurück«, strahlte ich.

Vater senkte die Füße wieder auf die Matratze. »Aber drehen«, sagte er, »kann ich mich immer noch nicht.«

»Das kommt«, sagte ich. »Wer Rad fahren kann, der kann sich auch drehen. Und wer Rad fahren kann, kann auch bald wieder gehen. Du brauchst nur Training, du hast zu lange gelegen. Morgen fangen wir an!«

»Vielleicht«, überlegte Vater, »bräuchte ich nur so ein Ding. So eine Stange, an der ich mich hochziehen kann.«

»Ja«, sagte Mutter. »Dann kannst du dich drehen.«

Vater fischte schon einmal probeweise mit einem Arm durch die Luft. »Wie heißt so ein Ding?«

»Galgen«, sagte David am nächsten Morgen.

»Das heißt doch nicht Galgen«, sagte ich.

»Galgen«, beharrte David.

Zurück in meiner Wohnung schaute ich im Internet unter Pflegebedarf. So ein Gestell war tatsächlich unter Galgen gelistet. Bettgalgen. Es gab ihn drei- und fünfbeinig, es gab ihn für Einzel- und Ehebetten, es gab ihn mit Strickleiter und Triangelgriff. Für andere Produkte hatten sie freundlichere Namen. Eine Krücke war eine Gehstütze, einen Rollator nannten sie Shopper, doch so ein Gestell nannten sie Galgen.

Ich gab »Bettgalgen« bei Wikipedia ein und fand keinen Artikel. Ich strich das »Bett« und erhielt einen Artikel über Erhängen als Todesstrafe. Es waren auch

Bilder von historischen Galgen zu sehen. Ein Link führte zum Nürnberger Kriegstribunal, weitere Links zu Josef Süß Oppenheimer, zu Dietrich Bonhoeffer, zu Saddam Hussein.

Über Hinrichtungen wollte ich nichts lesen und schloss die Links, doch die Fotos der Galgenseite blieben noch eine Weile vor meinen Augen.

Ich erinnerte mich, wie Vater uns den Henkersknoten zeigte. Er hatte uns auch Achter und Mastwurf gezeigt, doch der Henkersknoten beeindruckte uns am meisten. Und bei Western im Fernsehen erklärte er stets, dass der Knoten groß genug und der Sturz nicht zu kurz sein dürfe, andernfalls würde der Halswirbel nicht brechen und der Mensch sterbe einen langsamen Erstickungstod. Vater hatte auch erzählt, wie er in der Nachbarschaft einen abgeknüpft hatte, den arbeitslosen Bäcker aus dem Weingangsweg. Was ihn dabei beeindruckt hatte, war nicht, dass der Bäcker sich erhängt hatte, sondern dass er sich an der Vorhangstange erhängt hatte.

»Dass die Stange das hielt! Mit Fünfer-Dübeln!«

Aber der Bäcker hatte alles richtig gemacht. Der Knoten saß hinter dem Ohr, die Sturzhöhe war hoch genug, der Wirbel auf Anhieb gebrochen.

Ich kehrte über Google zurück zum Pflegebedarf. Bei einem Anbieter fand ich nun doch eine Umschreibung. »Über-Bett-Aufrichthilfe« nannten sie das Produkt.

Wir hatten einen Badewannenlifter und eine Toilettensitzerhöhung, wir hatten einen Rollstuhl und einen Rollator. Mit so einem Gestänge wollte ich warten. Vielleicht brauchten wir keines. Heute Nachmittag begann das Training mit der Krankengymnastin.

»Allmächtiger«, sagte Vater zu Mutter. »Dein Sohn nimmt jede Wurzel mit und jeden Stein. Aber zäh ist er. Ein echter Säumer.«

Beim Klettern war mir David voraus, doch beim Gehen zeigte ich die größere Ausdauer. Wenn David schon lange nörgelnd zurückfiel, blieb ich an Vaters Fersen. Auf den Wiesen, zwischen den Felsen, im Schnee. Auch Vater war ausdauernd. Mit fünfzig, mit sechzig, mit siebzig. Sein ruhiger, kraftvoller Schritt schien überhaupt niemals nachzulassen.

»Wir sind Säumer«, sagte er gern in Anspielung auf jene Männer, die früher Salz und Wein über die Alpenpässe trugen.

Jetzt stand er neben der Krankengymnastin. Er trug seinen Trainingsanzug und an den Füßen gummierte Socken. Den Oberkörper über den Rollator gebeugt, bewegte er sich in winzigen Schritten vom Sessel zum Wohnzimmertisch. Dort stützte er die Handflächen auf den Tisch und versuchte mit Hilfe der Krankengymnastin zaghafte Kniebeugen. »… drei … vier …«, zählte die Frau. Bei »sieben« musste sich Vater auf einen Stuhl setzen und ausruhen. Dann ging es mit zitternden Knien und winzigen Schritten zum Sessel zurück.

Die Krankengymnastin würde nun jeden zweiten Tag kommen. An den übrigen Tagen übte Vater mit mir. Manchmal absolvierten wir zweimal am Tag seine Übungen. Manchmal war er zu müde und wollte einen Tag Pause.

Nicht selten kam ich ins Wohnzimmer, und Vater saß im Sessel nach vorne gebeugt, um seinen Fuß zu betrachten. Sein Fuß war nach der Thrombose wieder durchblutet, doch einige abgestorbene Hautstellen verheilten nur langsam. Vor allem der große Zeh war eine offene, noch immer eiternde Wunde. Er hatte sich den Verband abgewickelt, den Mull entfernt und betrachtete diesen Zeh.

»Lass doch den Fuß in Ruhe«, sagte ich.

»Ich schau ihn nur an.« Und nach einem Moment fragte er. »Meinst du, wenn der Zeh verheilt ist, kann ich wieder besser gehen?«

»Das nehme ich an. Mit so einem Zeh könnte ich auch nicht gut gehen. Aber du musst ihn in Ruhe lassen!«

»Tu ich ja.«

»Du kratzt.«

»Nur ein bisschen.«

Vater konnte es nicht lassen, mehrmals am Tag mit den Fingernägeln die kaum gewachsenen Krusten zu lösen. Als wolle er gegen besseres Wissen nachschauen, ob darunter die Heilung voranging. Und jeden Abend, wenn ich ihn zu Bett brachte, musste ich seine Frage beantworten: »Was war denn heut besser? War irgendwas besser?«

»Du hast acht statt sieben Kniebeugen geschafft«, sagte ich dann. Oder: »Du bist alleine vom Sessel in den Rollstuhl geklettert.« »Beim Waschen konntest du frei vorm Waschbecken stehen.«

»Hm«, brummte er, nicht sonderlich überzeugt. Und kaum hatte ich das Zimmer verlassen, konnte es geschehen, dass er die Lampe anknipste, um sich den frischen Verband erneut vom Fuß abzuwickeln.

Dass Vater die Nekrosen an seinen Zehen nicht ausheilen ließ, strapazierte meine wie Davids Nerven, und nicht selten fuhren wir ihn deswegen an. Doch trauriger waren die Momente, wenn ich ins Wohnzimmer kam und er saß über seine Knie gebeugt, ohne den Fuß zu betrachten. Sein Blick war dann vollkommen leer, und mit hängendem Kopf saß er da wie ein alt gewordener Clown. Ein Spaßmacher, dem nun die Summe all seiner Scherze und Sprünge wie Blei an den Gliedern hing.

Sprach ich ihn an, dauerte es, bis seine Augen zurückkehrten, bis er zurückkehrte, als sei er probeweise schon einmal hinaus in den Strom geschwommen, der ihn irgendwann von hier wegtrug. Es war nach einem dieser selbstversunkenen Momente, dass Vater aufsah und zum ersten Mal vom Sterben sprach.

»Willst du Kaffee trinken?«, hatte ich gefragt. »Oder sollen wir ein paar Übungen machen?«

»Egal«, hatte er gesagt.

»Ja«, hatte ich gesagt. »Aber was willst du?«

Daraufhin hatte er wie in Zeitlupe den Kopf geschüttelt und mit großer Klarheit gesagt: »Es geht nicht darum, was ich will. Es geht darum, was der will. Um das Sterben geht es. Ich hätte gerne noch ein paar Jahre mit Mutter gelebt, aber es wird nichts mehr. Ich kann nicht mehr gehen, ich kann nicht mehr stehen, und im Kopf stimmt es auch nicht mehr. Ich mache den Fernseher an, aber ich kann nicht mehr folgen. Ich nehme ein Rätsel und lege es weg. Ich höre euch reden …« Er winkte ab. »Jeden Tag wird es weniger. Schön wäre es, wenn es schnell ginge, ein Schlaganfall, ein Infarkt, am besten im Schlaf, dass ich's nicht einmal merke. Das wäre schön.«

Vater hatte mit siebzig einen Herzinfarkt erlitten, doch er hatte sich wieder erholt. Er half weiter in Davids Planungsbüro, auch in die Berge konnte er wieder gehen. Nicht mehr wie ein Säumer, aber immer noch wie ein Senner.

»Ich bleib auf der Alm und schau nach dem Vieh.«

Er war zufrieden, den Weg bis zur Hütte zu schaffen. Und als ihm schließlich auch die Hüttenaufstiege zu anstrengend wurden, als ihn schon die Autofahrten zu sehr ermüdeten, blieb er zu Hause und nahm sein früheres Billardspielen wieder auf.

»Um den Tisch rumgehen, das geht noch.«

Wenn er keinen Partner fand, spielte er gegen sich selbst.

»Gewinne ich wenigstens.«

War ihm nach Gesellschaft zumute, begleitete er Mutter zum Einkaufen. Im Lidl oder Rewe-Markt traf er immer Bekannte. Und auf den Einkaufswagen gestützt sah man nicht, dass ihm das Gehen zunehmend schwerfiel. Dass er ab und zu einen Außenspiegel abfuhr, dass er beim Einparken anstieß, schob er aufs Auto:

»Früher hast du noch gesehen, wo ein Kotflügel aufhört.«

Vater sprach nie vom Altsein, höchstens vom -werden.

»Altwerden«, sagte er, »macht keinen Spaß. Aber bis dato«, fügte er hinzu, »haben sie für ein langes Leben noch nichts anderes erfunden.«

Ein einziges Mal erlebte ich ihn ernsthaft erschrocken.

»In das Saarpark-Center fahre ich nicht mehr.«

»Warum?«

»Die haben den Eingang verglast.«

»Bist du gegen die Scheibe gelaufen?«

»Nein, aber ich hab mich gespiegelt. Allmächtiger, ich sehe aus wie ein Rentner.« Zu dem Zeitpunkt war er achtzig geworden.

Zeitlebens war Vater ein zäher Hund. Probleme waren da, dass man sie löste, und wenn es keine Probleme gab, suchte man welche. Dass man kapitulierte, vor dem Ganzen kapitulierte, war in seinem Lebensplan nicht vorgesehen. Auch jetzt nach seinem Aufenthalt auf der Intensivstation war sein Lebenswille zurück. Er sprach auch kein zweites Mal vom Sterben, er sprach von seinem Fuß, der abheilen musste, er sprach vom Rollator, den er umbauen wollte, er sprach von besseren Schuhen.

Doch auch jene andere Macht gab nicht auf. Sie hatte sich an Vater gehängt, und dieses Mal wollte sie ihn aus ihrem Griff nicht wieder entlassen. Vater konnte nicht mehr gehen, die einfachsten Handgriffe misslangen, und mit jedem Tag fiel es ihm schwerer, klare Gedanken zu fassen. Er tat, was er sonst getan hatte, er schlug die Zeitung auf, er nahm ein Kreuzworträtsel, er drückte den Fernseher an, doch es war kaum mehr als ein Nachahmen der früheren Normalität. Die Zeitung verschwamm ihm, beim Rätsel kam er über die einfachsten Begriffe nicht hinaus, und beim Fernseher drückte er nach wenigen Minuten den Ton aus. Bei Fußballspielen war der Ton entbehrlich, doch wenn er bei einem *Tatort* oder den Nachrichten vor der stummen Bildfläche saß, gab das ein seltsames Bild. Setzte ich mich neben ihn und drückte den Ton wieder an, sagte er nach einer Weile: »So ein Kappes. Wen interessiert das?«

Nachts erwachte er nun immer öfter und wusste nicht, wo er war.

»Wo bin ich?«, fragte er mich. »Bin ich … in Bozen? Baveno?«

»Du bist zu Hause.«

»Zu Hause?«

»In Emsbach.«

»Nicht in Baveno?«

»In Emsbach.«

»Ich dachte Baveno.«

Baveno hieß der Ort am Lago Maggiore, in dem wir als junge Familie einen Urlaub verbrachten. Vater wollte stets in die Berge, Mutter wollte immer ans Meer. Mit dem Lago Maggiore behauptete Vater, Mutter ihren Wunsch zu erfüllen. »Du hast deinen Strand, und ich den Blick auf die Berge.«

Damit es ihm am Wasser nicht langweilig wurde, nahm er ein Paddelboot mit, ein Faltboot der Marke

Klepper. Und da er Paddeln eher als Frauensport sah, bestückte er das Boot mit einem Motor. Der Clou und gleichzeitig das Problem war, dass der Motor seitlich angebracht wurde, wodurch das Boot in Schräglage kippte. Auf dem heimischen Weiher hatten wir die Balanceakte geübt. Während Vater am Gashebel saß, musste die »Mannschaft«, David zwischen seinen Beinen und Mutter mit mir zwischen den Knien, in Seitlage gehen. Auch bei der ersten Fahrt auf dem Lago Maggiore gelang uns der Start. Vor den Augen nicht weniger Strandgäste warf Vater den Motor an, senkte das Schwert, tippte an seine Schirmmütze, und ab ging die Fahrt. Ziemlich genau in der Mitte des Sees war sie zu Ende. Vater sah nicht ein, dass er einem Ausflugsdampfer ausweichen sollte, durchschnitt mit »Ho-Ho!« dessen Heckwellen, Spritzwasser schwappte über das Boot, der Motor schluckte, starb ab und sprang nicht mehr an.

Ein Boot, eine Familie, zwei Picknickkörbe und einen vierzehn Kilogramm schweren Motor mit einem einzigen Stechpaddel zurück zum Ufer zu bringen, war eine Übung, die Vater so schnell nicht vergaß. Sein Fehler war, dass er »Aussteigen« rief, sobald er Grund unter sich sah. Mutter streckte ein Bein über den Süllrand, fand keinen Grund und riss stattdessen Boot und Besatzung ins Wasser. Es dauerte, bis wir vor den Augen des Campingplatzes unsere gesammelten

Ausflugsartikel an Land geschafft hatten. Die letzten barg David mit Taucherbrille und Flossen.

Vater blieb sachlich. Das Wasser des Lago Maggiore war klarer als das Wasser des Emsbacher Weihers. Und der Zweitakter war gegen Wasserspritzer empfindlich.

Den Nachmittag verbrachte er im Zelt und bewachte die »Munition«. Zehner, Zwanziger, Hunderter hingen an eine Reepschnur geklammert unter dem Zeltdach, dazu Personalausweise, Führerschein, grüne Versicherungskarte.

»Ich löse dich ab«, sagte Mutter. »Geh doch mal schwimmen.«

»Ich sitze hier gut«, sagte Vater.

Den Campingstuhl hatte er soweit in die offene Zelttür geschoben, dass er seinen Rücken sonnen konnte und doch seine Reepschnur im Blick hielt. Seine Füße lagen auf einem zweiten Klappstuhl, die Kapitänsmütze trocknete auf seinem Kopf, und da er sich das Rauchen abgewöhnt hatte, hielt er ein Streichholz zwischen den Lippen.

»Mach mal ein Foto«, sagte er.

»Von dir oder vom Geld?«

»Von Al Capone«, grinste er, »nach seinem Coup.«

Am nächsten Morgen waren die Geldscheine wieder getrocknet. Auch der Außenborder war in der Sonne getrocknet. Vater hob ihn auf die hüfthohe Mauer, die den Zeltplatz umgab.

»Halt das Schwert!«, sagte er.

Ich hielt das Schwert, und Vater versuchte, den Motor zu starten.

»Tupfer!«

Ich tupfte auf den Gummiball des Vergasers.

»Wieder das Schwert!«

Ich hielt mit beiden Händen das Schwert, Vater riss an, und nach einigen Versuchen sprang der Zweitakter an. Allerdings starb er nach einem ersten Aufheulen wieder ab.

»Verstehe ich nicht. Noch mal!«

So oft der Außenborder aufheulte, so oft starb er ab.

»Herrmann!« Mutter kam zu uns. »Es ist ein Uhr! Mittagspause!«

»Da hab ich gut Zeit.«

»Du kannst auch heute Nachmittag noch …«

»Heute Nachmittag fahren wir raus. Tupfer!«

Ich tupfte.

»Das Schwert!«

Vater riss an. Zehn Mal. Zwanzig Mal. Bis er das Starterkabel abriss. Er reparierte es und setzte seine Testläufe fort. Die Beschwerden der Nachbarn, das Angebot des Platzbesitzers, seine Garage zu nutzen, Vater blieb an der Mauer.

Ohne Erfolg. Den Ausflug zur Isola Bella schafften wir nicht mehr. Und wieder zu Hause verkaufte Vater Motor und Boot. »Strandurlaub« würde er ohnehin nicht mehr machen. Was für ihn blieb, war eine Geschichte, die er gern in Gesellschaft erzählte. »Wie Mutter ein unsinkbares Faltboot versenkte.«

Bei mir, dem Smutje, wie Vater mich nannte, blieb etwas anderes hängen. Dass Vater meinen Händen vertraute. Dass ich auf der Mauer dieses Schwert halten durfte, das fast so groß war wie ich. Noch Jahre später, noch heute, spüre ich das glatte, von der Sonne erwärmte Metall. Sein Vibrieren, wenn der Motor ansprang, und das Zittern, wenn es bei Vollgas auf der Mauer zu kriechen begann. Meine Hände am Schwert und Vaters Hände am Kabel. So viel Kraft und Verlässlichkeit gingen von seinen Händen aus. Handwerkerhände, Säumerhände, Vaterhände.

»Wo bin ich? Baveno?«

»Nein, Vater, in Emsbach.«

Seine Hände schlossen sich nicht um das Kabel des Motors. Seine Hände suchten den Galgen.

Inzwischen hatten wir einen Galgen. Einen dreibeinigen Stahlgalgen mit Triangelgriff. Doch er war keine Hilfe. Vater konnte sich auch mit Galgen nicht drehen. Er versuchte es, doch er verhedderte sich in der Decke, er zog sich zu nahe an den Bettrand, er landete am Fußende und kam aus eigener Kraft nicht mehr hoch. Also rief er.

»Walter! … Walter!«

Ich schlief im Wohnzimmer auf der Couch, und dort hörte ich ihn. Ich ging hinüber, fasste ihn unter der Achsel und rückte ihn wieder zurecht. Manchmal wollte er etwas zu trinken, manchmal wollte er die Urinflasche haben, manchmal wollte er eine zweite Decke. Ich versorgte ihn, dann legte ich mich wieder. Bis er erneut rief. Hatte er in den Anfangsnächten bis zu zwei Stunden geschlafen, wurden die Phasen jetzt kürzer. Spätestens nach dreißig Minuten hörte ich seine Stimme. »Walter … Walter!« Manchmal auch »Tom!« Manchmal fehlte ihm gar nichts, er wollte nichts trinken, er musste nicht pinkeln, er hatte sich nicht in die Decke verheddert.

»Warum hast du gerufen?«

»Langweilig«, sagte er.

»Ja, aber warum hast du gerufen?«

»Unterhaltung! Erzähl was!«

David, der mich jede zweite Nacht ablöste, setzte sich dann auf den Bettrand und unterhielt sich mit Vater. Ich nicht. Ich ging wieder zur Couch und versuchte zu schlafen. Dreißig Minuten, zwanzig Minuten, bis er wieder rief. Und ich wieder aufstand. Mit verquollenen Augen, steifen Gliedern, verschwimmenden Möbeln.

»Intervalltraining« nannte David die Nächte.

Intervallfolter, dachte ich.

Ich fragte die Pflegerin, die morgens ins Haus kam, wie man in Heimen mit schlaflosen Patienten verfahre. Man lässt sie rufen, sagte sie. Und wenn sie nicht aufhören? Macht man die Tür zu. Und wenn sie versuchten, das Bett zu verlassen? Fixieren.

Vaters Rufe zu überhören, kam nicht in Frage. Im Gegenteil, David und ich ließen die Türen weit offen. Allerdings wollten wir Vaters Schlafmittel umstellen. Seit Jahren nahm er vor dem Schlafengehen das gleiche Mittel, ein oder zwei Tabletten *Adumbran*.

»Das wirkt längst nicht mehr«, hatte der Hausarzt gesagt.

Bereits im Krankenhaus hatten sie Vater mit *Risperdal* ein neues Mittel gegeben, das er auch zu Hause einnehmen sollte. Sollte es keinen Schlaf bringen, empfahlen sie, die Dosis zu erhöhen, und der Hausarzt riet, ihm zusätzlich *Eunerpan*-Saft zu geben. Also gaben wir ihm neben *Adumbran*, auf das er nach wie vor bestand, *Risperdal* und einen Löffel von diesem Saft. Der Saft war süß, und Vater schluckte ihn, ohne zu zögern. Wie er auch die Tabletten ohne Widerwort einnahm. Als Ingenieur glaubte er an die Technik, als Patient vertraute er seinem Arzt. *Adumbran*, *Risperdal*, *Eunerpan* …

Es half nicht. Die Mittel machten Vater benommen und fahrig, seine Motorik entglitt ihm noch mehr, doch Schlaf, für ihn wie für uns erlösenden Schlaf, brachten sie nicht.

Vater rief, und ich stemmte mich auf. Er rief, und ich wankte hinüber. Zog ihn gerade, ließ ihm Urin ab, gab ihm durch einen Strohhalm Wasser zu trinken. Und nicht selten, auch das hatten die Ärzte empfohlen, gab ich ihm einen zweiten, manchmal dritten Löffel *Eunerpan*-Saft zu trinken. Und Vater schluckte, brav wie ein Kind, dumm wie ein Greis, diesen Löffel, den nächsten, doch in die Knie ging er nicht.

Wer in die Knie ging, war ich. Und mein Bruder. Wir waren erschöpft, überreizt, blank lagen die Nerven. Ich hatte tagsüber meine Kletterstunden zu halten, und längst hätte ich Aufträge für den kommenden Winter einholen müssen. Doch an Skikurse und Touren, die mich über Wochen in den Bergen gehalten hätten, war nicht zu denken. Und selbst David, dem es an Energie nie gefehlt hatte, fielen tagsüber die Augen zu: »Schlimmer als nonstop nach Neuseeland. Und kein Ende in Sicht.«

Es war nach einer dieser zerstückelten Nächte, dass ich wie in Trance an Vaters Bett stand, seinen hilflosen Körper vor mir, seine großen, suchenden Augen, und eine Filmszene stieg vor mir auf: Ein Vater steht auf den Schultern des Sohnes, mit einem Strick um den Hals. Kann der Sohn die Last nicht mehr tragen, wird die Schlinge dem Vater das Genick brechen. »Spiel!«, grinst der Fremde und drückt dem Sohn eine Mundharmonika zwischen die Zähne. »Spiel ihm ein Lied!«

Noch stand ich, noch spielte ich für Vater das Lied, doch der Countdown meines Zusammenbruchs lief.

»Peffer-Pit!«, pflegte Vater David zu rufen. »Wo ist er denn wieder?«

Peffer-Pit war er selbst als Kind von seinem Vater gerufen worden, und seine Energie und die Umtriebigkeit hatte David geerbt. Immer unterwegs, immer auf Achse, immer dabei, irgendetwas zu basteln, auszuhecken oder anzustellen. Entsprechend war David selten zu finden, wenn Vater ihn suchte. Ich, der jüngere Bruder, war leichter zu finden. Nicht selten kam ein Besucher in Vaters Büro und sagte: »Ich will ja nichts sagen, aber Ihr Sohn …«

»… sitzt auf der Treppe und schläft!«, nickte Vater. Und dazu blies er die Backen auf und schob eine Faust unter die Wange. »Die Schlafmütze.«

Vaters Büroräume waren im Erdgeschoss, wir wohnten im Stock obendrüber, und wenn ich nach Hause kam, waren mir die Stufen manchmal zu viele. Die Schule war anstrengend, der Heimweg war lang, ich legte den Ranzen ab, setzte mich und schlief eine Runde. Manchmal schlief ich auch zwei Straßen weiter bei meiner Kusine. Sie wohnte im zweiten Stock. Ich klingelte, der Türöffner ließ mich ins Treppenhaus, doch statt hochzugehen, ruhte ich erst einmal aus. Manchmal dauerte mein Schläfchen so lang, dass ich anschließend Hunger hatte und gleich wieder heimging.

»Ist Tom bei euch?«, konnte Mutter die Tante anrufen.

»Sitzt auf der Treppe und schläft.«

Die begrenzte Energie hatte ich von Mutter geerbt. Auch sie wurde manchmal mitten am Tag von Schläfrigkeit überwältigt. Oder sie stand morgens auf und war bereits wieder müde.

»Steht auf und gähnt«, pflegte Vater zu sagen. Oder »Setzt sich hin und ist weg.« Die zweite Bemerkung bezog sich aufs Autofahren. Bei längeren Fahrten konnte Mutter nicht verhindern, dass ihr schon bald nach der Abfahrt die Augen zufielen. »Mein Co-Pilot!«, brummte Vater. Er hätte sich lieber mit ihr unterhalten, doch »Das kommt von der Schilddrüse«, erklärte er. »Eure Mutter hat eine Unterfunktion.«

»Habe ich auch eine Unterfunktion?«, fragte ich.

»Du bist noch ein Kind«, sagte Vater.

»Die haben keine Schilddrüse?«, fragte David.

»Das wächst sich aus«, sagte Vater.

Ein einziges Mal schien Vater Mutters Schläfrigkeit zu gefallen. Wir waren wieder in den Dolomiten in Urlaub, und Vater hatte vom Hüttenwirt einen Tipp erhalten. Hinter Verona gebe es ein Werk, das Kopfstützen herstelle. Fabrikkauf, mit Preisen weit unter dem Händler! Also fuhren wir nach Verona, fanden das

Werk, und fanden nach Stunden Probieren ein Modell, das sich auf Mutters Sitz aufschieben ließ.

Vater wollte nur *eine* Stütze, da er als Fahrer nicht schlief und auch nicht vorhatte, zu schlafen. Dass eine Kopfstütze vor allem ein Unfallschutz war, sprach sich in jenen Jahren erst zögernd herum, außerdem hatte er nicht vor, einen Unfall zu bauen. Preiswert war die Stütze nicht, und ihre Farbe traf auch nur ungefähr die Farbe des Sitzes, doch Vater war all diese Kilometer bis hinter Verona gefahren, also fuhr er jetzt mit einer Stütze zurück.

»Schlaf doch ein bisschen«, sagte er, als wir wieder auf der Autobahn waren. »Mach die Augen ruhig zu!«

Doch Mutter war jetzt nicht müde. Verärgerung hielt sie wach. In jedem Dolomitenurlaub wünschte sie sich, Venedig oder Mailand zu sehen. Dieses Jahr war ein Autoausflug zustande gekommen, doch statt einer historischen Stadt hatte sie ein Industriegebiet besichtigt und spürte nun eine Kopfstütze im Genick, die ihr die Haare zerdrückte und nach Kunstleder roch.

»Willst du nicht schlafen?«

»Nein.«

Schließlich begann Vater zu gähnen. Erst hinter vorgehaltener Hand, dann ohne Hand, schließlich öffnete er den Mund, als verschlucke er einen gewaltigen Ball, klappte ihn wieder zu und ließ den Kopf mit einem Schnarcher zur Schulter fallen. Wir lachten. Mutter nicht. Doch fünf Minuten später war sie eingeschlafen. Ihr Kinn ruhte auf ihrer Brust, und ab und zu pendelte ihr Kopf zur Seite.

»Unsere Mama!«, schmunzelte Vater. »Setzt sich hin und ist weg.«

Er nahm eine Hand vom Lenkrad und drückte ihren Kopf mit einer behutsamen Geste nach hinten.

»So liegt sie besser.«

Einen Moment ruhte Mutters Nacken im Polster der Stütze, dann kippte ihre Stirn wieder vor. Erneut drückte Vater ihren Kopf zurück, erneut fiel er vor. Vater schüttelte ihren Arm.

»Was ist?«, fragte Mutter.

»Leg deinen Kopf zurück, sonst hast du morgen ein steifes Genick.«

Mutter lehnte den Kopf zurück und schlief wieder ein. Vater musste sie ein zweites Mal wecken.

»Du baumelst da rum! Wie ein Ochse an Pfingsten. Lehn dich zurück, sonst hast du morgen die Genickstarre.«

»Ich hab keine Genickstarre.«

»Du kriegst aber eine. Lass den Kopf hinten liegen.«

Es war zwecklos. Kaum war Mutter eingeschlafen, sank ihr das Kinn auf die Brust.

»Ich binde sie fest«, sagte David. »Wie die Indianer, mit meinem Halstuch.«

»Nein«, sagte Vater.

»Sie merkt es gar nicht.«

Vater schüttelte den Kopf. »Lass sie! Bis wir heimfahren, hat sie's gelernt.«

Mutter lernte es nicht. Und zu Hause weigerte sie sich, vor einer Kopfstütze zu sitzen, die ihr wie eine Walze ins Genick drückte. Die Stütze verschwand vom Beifahrersitz. Sie überwinterte in der Garage, und beim ersten Grillfest hatte Vater sie dem Nachbarn geschenkt. »Hat vom Farbton sowieso nicht gepasst.« Vater konnte Schlussstriche ziehen. Und hatte kein Problem, Wichtiges und Unwichtiges auseinanderzuhalten. Auch zwischen Schönem und Wichtigem konnte er trennen. Schön waren die Berge, doch wichtig war seine Arbeit. Und je besser es im Büro lief, desto unbeschwerter konnte er die Berge genießen. Nie war er besser gelaunt als auf der Heimfahrt. Sang Lieder, clownte hinter dem Lenkrad herum. »Morgen«, strahlte er, »wird wieder geschafft!« Planen und Bauen. Geld verdienen und die Familie ernähren. »Wenn es die Arbeit nicht gäbe, ich würd sie erfinden.«

Vater mochte, dass es voranging. Stillstand und Nichtstun waren ihm ein Graus. Den Vorwärtsdrang hatte David von Vater geerbt, auch er wollte, dass es voranging. Als Student, als Ingenieur, auch jetzt nach seinem beruflichen Ausstieg. Sein neues Projekt war sein Haus in Neuseeland. Diesen Winter begann der

Innenausbau. Er hatte nicht vor, den gebuchten Flug zu verschieben.

»Wie lange willst du dir diese Nächte noch antun?«, fragte er mich.

»Ich weiß nicht. Vielleicht bis Weihnachten?«

»Warum bis Weihnachten? Weil er dann tot ist?«

Ich zuckte die Achseln.

David schüttelte den Kopf.

»Vater stirbt nicht. Das ist vorbei. Im Krankenhaus wäre er ohne Beatmung gestorben. Jetzt nicht mehr. Er wird nicht mehr gehen können, er wird wahrscheinlich inkontinent werden, seine Verwirrung wird zunehmen, aber sterben wird er nicht. Und deshalb schlage ich vor, wir finden eine Lösung, solange ich noch hier bin.«

»Willst du ihn in ein Pflegeheim geben?«

»Nein. Wir tun, was andere auch tun. Wir nehmen eine Pflegerin ins Haus.«

»Eine Polin?«

»Wir sind nicht die ersten im Dorf.«

»Sie wollen niemanden Fremdes, das weißt du. Sie wollen nicht mal, dass Herta putzen kommt.«

»Willst *du* Vater pflegen, womöglich auf Jahre?«

Ich wollte Vater nicht pflegen. Nicht auf Jahre und im Grunde auch nicht bis Weihnachten. Auch ich wollte zu meiner Arbeit zurück. Dezember begann die Skisaison, und vorher wollte ich den Alltag mit meiner Tochter zurück. Lena war zehn und wenn ich kein Engagement in den Bergen hatte, wohnte sie bei mir. Da ich jede zweite Nacht bei Vater verbrachte, war sie vorübergehend zu ihrer Mutter gezogen. Ich hätte sie lieber heute als morgen wieder bei mir gehabt.

Also eine Polin. David hatte Recht, auch ich sah keine andere Lösung.

Als wir den Eltern am Kaffeetisch unser Vorhaben mitteilten, hockten sie auf ihren Stühlen wie verurteilt. Und wie erwartet wehrten sie sich. Mutter noch heftiger als Vater. Eine fremde Person! Die wahrscheinlich nicht einmal Deutsch sprach. Wo sollte sie schlafen? Welche Toilette sollte sie benutzen? Und essen müsse sie auch.

»Noch jemanden, den wir versorgen müssen!«

»Nein«, sagte David. »Sie versorgt euch.«

»Wie denn? Und wo denn? Nein, auf keinen Fall wollen wir so eine Frau!«

»Willst *du* Vater pflegen?«

»Ja, das will ich.«

Doch Mutter wusste, sie konnte es nicht. Sie konnte sich selber kaum helfen. Seit Jahren war sie wegen einer Lähmung im Fuß auf einen Stock angewiesen und hatte Mühe genug, sich selbst zu versorgen.

David hatte bereits einige der Vermittler angerufen, die per Zeitungsannonce Pflegekräfte anboten. Die Auskunft, die er erhielt, war überall ähnlich. Es handele sich in der Regel um Krankenschwestern, die über gute Deutschkenntnisse verfügten und neben der Betreuung und Pflege auch den Haushalt führten.

Ich führte ebenfalls Telefonate. Doch als Gegenprobe sozusagen rief ich keine Vermittler an, sondern Leute, von denen ich wusste, dass sie eine Polin im Haus hatten. Etliche hatten nicht die erste Pflegekraft engagiert. Manche, erfuhr ich, waren nach dem ersten Lohn wieder verschwunden. Eine nahm sämtliche Tischdecken mit, eine andere hatte für dreihundert Euro telefoniert. Ihre Nachfolgerin hatte nur vor dem Fernseher gesessen oder geschlafen. Es gab welche, die Deutsch sprachen, doch von Pflegetätigkeiten hatten die meisten kaum Ahnung.

»Was hast du erwartet?«, fragte David. »Dass es sich anders verhält als bei uns? Es gibt Luschen und Perlen. Wir müssen zusehen, dass wir eine Perle bekommen.«

Einen halben Tag später war er sicher, die Richtige gefunden zu haben. Sie war ihm von einem Bekannten empfohlen worden, der jemanden kannte, bei dessen Nachbarn … der übliche Weg in unserer überschaubaren Gegend. Nijole hieß sie und stammte aus Litauen. Bis vor drei Monaten hatte sie in einem der Nachbardörfer einen Rentner gepflegt. Nachdem jener verstorben war, kehrte sie in ihre Heimat zurück. David hatte sie in Litauen erreicht, und in vier Tagen würde sie hier sein. »Donnerstag«, sagte er.

»Und Mittwoch geht dein Flug«, sagte ich.

»Genau. Wir haben noch drei Tage, um ein Zimmer für sie herzurichten.«

»Schönen Gruß an die Bay«, sagte ich, als ich mit David am Flughafen stand.

»Grüß sie selbst«, sagte er. »Pack Lena ein und komm mit! Ich kann Hilfe beim Hausbau gebrauchen.«

Ich nickte und sparte mir eine Erwiderung. Das Thema hatten wir jeden Herbst. Und die Erinnerung kam jeden Herbst. Bevor David mit dem Bauen begann, stand ein *Housetruck* am Rand seines Grundstücks. Er steht immer noch dort, einer jener ausrangierten, zum Wohnen umgebauten Lastwagen. Räder sind keine mehr dran, doch ein Ofenrohr ragt aus dem Dach, und von einer kleinen Holzveranda sieht man hinunter aufs Meer. Die Dusche hängt als Eimer an einem Ast, und die Toilette sind vier Bretter hinter den Farnen. In diesem Truck haben wir vor Jahren einen neuseeländischen Sommer verbracht. Maren arbeitete in einem Café, ich half auf einer Farm, und Lena ging in die zweite Klasse der Takaka Grundschule. Das erste englische Wort, das sie lernte, war *monkey bar.*

Affenstange, so hieß das Klettergerüst vorm Haus unserer Nachbarn. Das zweite hieß *letter box*, so hieß der Briefkasten, in dem sie ihre Schuhe versteckte, um wie die anderen Kinder barfuß zur Schule zu gehen. *Trash palace* war eines der nächsten und bezog sich auf einen Secondhandladen, wo Lena für einen Dollar einen Pullover auswählte, in dem sie endgültig nicht mehr von einheimischen Kindern zu unterscheiden war. Dieser Sommer in Takaka wurde zu unserer glücklichsten Zeit, und schon vor der Abreise nahmen wir uns vor, im nächsten Jahr wiederzukommen. Doch im folgenden Jahr fehlte das Geld für die Flüge, dann hatte ich ein Dauerengagement in der Bergschule, und dann – verliebte sich Maren und zog aus der Wohnung aus.

Und jetzt? Wieder ist Herbst, und ich stehe mit David in der Abflughalle. Auf der Anzeigentafel klackern die Städtenamen herunter, und mit den Buchstaben fallen Bilder in meine Augen. Der Truck auf Stelzen, die baumhohen Farne, überm Meer das Spektakel der Wolken und manchmal, mitten im Sommer, Schnee auf den Cobb-Bergen. Neuseeland wurde das Land, nach dem ich schon Heimweh verspürte, bevor ich es verlassen hatte.

»Komm mit!«

Kommt mit, hatte David vor Jahren auch zu den Eltern gesagt. »Ihr werdet sehen, ihr kommt zehn Jahre jünger zurück!«

Mutter war nicht einmal abgeneigt, doch Vater hatte nicht mehr die Unternehmungsfreude von früher. »Du weißt doch, ich kann nicht gut laufen. Und dann mache ich nur noch eine Reise. Für die brauche ich weder Koffer noch Hut.«

»Sinde da«, sagte eine Frauenstimme am Telefon.

Wenn ich Nijole bei unserem Vorgespräch richtig verstanden hatte, würde sie ein Bus von Litauen nach Nürnberg bringen, dort würde sie ihr Mann mit dem Auto abholen und zu uns fahren. Wieso ihr Mann sie in Nürnberg erwartete, konnte ich bei der schlechten Verbindung nicht richtig verstehen. Meinen Vorschlag, ihrem Mann die Fahrt von Nürnberg ins Saarland zu ersparen und auf unsere Kosten den Zug zu nehmen, konnte oder wollte sie nicht verstehen. Jetzt waren die beiden jedenfalls angekommen.

»Gut«, sagte ich. »Ich komme zum Bahnhof.« Wir hatten den Bahnhof als Treffpunkt vereinbart.

»Nicht Bahnhof. Lidl.«

»Welcher Lidl?«

»LIDL!« Das kam weder leise noch allzu sanft. Als sei ich schwer von Begriff. Als könne man erwarten, dass, wenn sie von Litauen kommend meine Kreisstadt findet, ich in meiner Kreisstadt den Lidl-Markt finde.

»Wir haben zwei Lidl«, sagte ich.

»Lidl an AUTOBAHN!« Ihre Stimme war wirklich gut zu verstehen.

»Ich bin in zehn Minuten dort.«

Ihr Auto stand am äußeren Rand des Parkplatzes, ein alter Passat, dessen Lack so stumpf war, dass man kaum noch sagen konnte, welche Farbe er hatte. Auch die beiden Insassen sahen aus, als hätte ihnen die lange Fahrt jede Farbe genommen. Sie saßen hinter der Scheibe, ohne etwas zu reden. Und sie schauten hinaus, als ginge sie, was sie sahen, nichts an. Nun, mit dem Einkaufstreiben vor einem deutschen Discounter hatten sie womöglich auch nicht viel zu tun. Er saß hier, um seine Frau abzuliefern. Und sie saß daneben, um einen Job anzutreten, den zu gleichen Bedingungen keine deutsche Frau wollte. Zudem fehlten den beiden wahrscheinlich etliche Stunden Schlaf.

Ich fuhr im Schritttempo geradewegs auf sie zu, gab dabei Lichthupe und hob die Hand. Nichts. Kein Lächeln, kein hellerer Blick, Stein neben Stein hockten sie hinter der Scheibe. Willkommen in Deutschland! Jetzt wusste ich, woran mich ihr Anblick erinnerte. Mit den gleichen Mienen hatten Vater und Mutter letzte Woche am Küchentisch gehockt: Wie es aussah, hatten wir *vier* Verurteilte.

»Sachlich« pflegte Vater früher zu reagieren, wenn Mädchen für seine Söhne anriefen.

»Da hat eine angerufen«, konnte er sagen.

»Wer war es denn?«

»Hat sich nicht vorgestellt.«

»Und was wollte sie?«

»Bin ich'n Hellseher?«

»Warst du wenigstens freundlich?«

»Sachlich.«

Sachlich wurde er auch, als ich Nijole und ihren Mann ins Wohnzimmer führte. Verkniffener Mund, sparsamer Blick, minimaler Händedruck.

Mutter dagegen war die freundliche, warmherzige Frau, die sie ihr Leben lang war.

»Sie haben bestimmt Hunger? Soll ich Ihnen was kochen?«

»Mutter!«, bremste ich sie.

Mutter war einundachtzig, gehbehindert, und kochte seit Jahren weder für sich noch für Vater. Sie war froh, dass der fahrbare Mittagstisch ins Haus gebracht wurde.

»Soll ich Kaffee kochen?«, schlug ich vor. »Wir haben auch Kuchen.«

»Kuchen?«

Ich schätzte Nijole auf vierzig, und ihrer Figur nach schien sie Kuchen nicht abgeneigt. Ihrem Tonfall nach war Kuchen nicht erste Wahl.

»Wir haben auch Pizza. Soll ich Ihnen zwei Pizzen warm machen?«

»Nicht Pizza«, sagte Nijole.

»Schöne Haus«, sagte ihr Mann. Ihn schätzte ich auf Ende vierzig. Groß, hager, sympathisch. Mit Händen, denen man ansah, dass er sie zum Arbeiten brauchte. »Große Balkon«, sagte er mit Blick aus dem Fenster.

»Ja, große Balkon!«, sagte Nijole. Und ihr Mann fügte verhalten hinzu: »Kann ich vielleicht Auto … nachher unter Balkon?«

Nachher? Ich ging davon aus, dass er nachher wieder zurückfuhr.

»Mann viel müüde«, sagte Nijole. »Kann Mann nicht bleiben bis morgen?«

Es war jetzt fast vier, in einer Stunde wurde es dunkel. »Sicher«, sagte ich. »Bleiben Sie über Nacht.«

»Danke«, sagte Nijole. »Und er kann Auto unter Balkon?«

Was hatten sie mit dem Balkon?

»Vielleicht rägnen.«

Und? Mein Auto stand ebenfalls draußen. Und rosten konnte an dem Passat eigentlich nichts mehr. Nun, vielleicht sprang er bei Regen nicht an.

»Gib ihnen endlich etwas zu essen«, hörte ich Vater. »Steh nicht da rum!«

Seine Miene blieb sachlich. Doch fast kam es mir vor, als entdeckte ich weit hinten ein Schmunzeln. Das mit dem Balkon konnte Vater verstehen. Blieben wir früher über Nacht bei Verwandten, fragte er nicht nach deren Balkon. »Hört mal«, konnte er sagen, »ihr habt nur ein Auto, aber eine *Doppel*garage!«

Ich deckte den Tisch.

Am nächsten Morgen war der Passat schon früh aus der Einfahrt verschwunden. Auch Nijole war verschwunden. Gegen halb zehn war sie mit ihrem Mann wieder da.

»Waren spazierrren«, sagte Nijole.

»Mit dem Auto?«

»Durch Lidl und Aldi spazierren. Und Obi. Nichts kaufen, nur gucken. Und das hier mitnehmen.« Sie winkte mit einem Stapel Prospekte. »Viel scheene Sachen. So scheen! Und für Sie haben wir auch etwas mitgebracht.«

»Aus dem Lidl?«

»Aus unsere Heimat. Für Sie. Für Sie alle!«

Sie stellte ein Geschenk auf den Tisch. Ich packte es aus und hielt eine große Tüte Bonbons in der Hand. Das Geschenkpapier hatte offenbar schon öfter Geschenke enthalten, und die Bonbons sahen aus, als hätten sie lange hinter einer Scheibe gelegen. Doch es war ein Geschenk, und sie hatten es all die Kilometer von Litauen über Nürnberg hierhergebracht.

Jetzt wurde ich doch ein wenig verlegen; und war

ein bisschen beschämt für meinen unterkühlten Empfang. Vielleicht hätte ich ihnen gestern doch etwas kochen sollen.

»Danke«, sagte ich. »Vielen Dank.«

»Biitte«, sagte Nijole mit ihren hohen I. »Und für Herrn Zack haben wir auch etwas mitgebracht. Darf er einmal kommen und holen?«

Herr Zack hatte uns Nijole empfohlen. Er wohnte zwei Orte weiter, Nijole hatte seinen Vater betreut. Ein Glücksfall, hatte er mehrmals gesagt, ein Glücksfall.

»Warum nicht«, sagte ich. »Oder«, bot ich an, »bringen Sie es ihm jetzt gleich. Soll ich ihn anrufen? Womöglich ist er zu Haus.«

»Nein, jetzt zu spät«, sagte sie. »Ich jetzt arbeiten. Und Mann muss arbeiten. Mann arbeiten mit Autos.«

»In Nürnberg?«, fragte ich.

»Nein, in Südtirol. Gleich neben Autobahn.«

Ich erfuhr, dass ihr Mann in einer Klausener Autowerkstatt beschäftigt war. Er kümmerte sich um die Ölwechsel, die Reifen, Bremsbeläge. Ich kannte Klausen, es lag am Eingang zum Villnösstal. Zu den Geislerspitzen fuhr man dort lang. In Südtirol war ich mit David geklettert, und später habe ich dort Touren geführt. Südtirol, das waren die Dolomiten mit ihren breiten Sockeln und schmalen Zinnen, Sella und Langkofel waren das. Es war die Stille im Schneekar, wenn du nichts hörst als das eigene Schlucken, und auch das

Krachen, wenn am Mittag Gewitter den Himmel zerteilten. Sicher. Sicher gab es in den Tälern auch Werkshallen, Fabriken, Jobs, bei denen du nicht ins Blaue hinauf, sondern in ölige Gruben hinabsteigst.

»Mann auch gut in Garten«, sagte Nijole. »Machen alles in Garten.«

Ich nickte.

»Mann jetzt in Garten? Ich putzen und Mann in Garten?«

»Ich dachte, er müsse nach Klausen.«

»Heute nicht. Morgen frei.« Sie schien abrupt mit ein paar Tränen zu kämpfen. »Mann vier Monate nicht gesehen. Kann Mann nicht bleiben bis Montag?«

Jetzt war Freitagmorgen. Mit Nijoles Ankunft hatte ich eigentlich eine Pflegekraft erwartet und kein litauisches Ehepaar auf Kurzurlaub. Andererseits, was lag an drei Tagen? Die beiden hatten sich Monate nicht gesehen, und nun war er über den Brenner gekommen, um wenigstens die Autobahnfahrt mit ihr zu verbringen. Meinetwegen. Sollte er bleiben bis Montag. Ich hatte ohnehin vor, noch einige Tage im Haus zu verbringen, bis sich die Eltern an Nijole gewöhnt hätten.

»Danke«, strahle Nijole. »Vielen Dank. Wir auch nicht stören. Gar nicht stören.«

Die beiden störten tatsächlich nicht. Wir bekamen sie kaum zu Gesicht. Wenn sie nicht schliefen, fuhren sie im Passat Discounter und Baumärkte ab oder saßen in Nijoles Zimmer vor dem Fernseher. Das Angebot, mit der Arbeit zu beginnen, hatte Nijole offensichtlich vertagt. Nun, was lag an dem Wochenende, sollte sie Montag anfangen.

Das Seltsame war, dass sie auch Anfang der Woche selten zu sehen war. Sie blieb vor dem Fernseher, strickte Pullover und aß Kekse dazu. Mitunter kam sie in die Küche, um die Zeitung zu lesen und sich von Mutter unbekannte Wörter erklären zu lassen. Statt zu kochen zog sie wie die Eltern den fahrbaren Mittagstisch vor, und Anstalten, sich um den Haushalt zu kümmern, zeigte sie nicht.

»Nijole«, sagte ich. »Du solltest jetzt anfangen, dich um Vater zu kümmern.«

»Aber Vater immer schlafen.«

»Nachts ist er wach, und morgens ruht er sich aus, das stimmt. Doch wenn er gegen Mittag wach wird, möchte ich, dass er dich wenigstens *sieht.*«

Nijole hatte nichts dagegen, sich mit ihrem Strickzeug zu Vater zu setzen. Und auf die Weise kam sie allmählich in Gang. Wenn er aus seinem Halbschlaf erwachte, wusch sie ihm das Gesicht und kochte Kaffee für ihn. Sie begleitete ihn zur Toilette, zog ihm frische Kleider an, und wenn er wollte, chauffierte sie ihn im Rollstuhl in der Wohnung herum. Es machte ihr nichts aus, mit ihm in einen tonlosen Fernseher zu schauen oder ein Kreuzworträtsel zu betrachten, bei dem er über eine Handvoll Begriffe nicht hinauskam.

Vater gewöhnte sich an ihre Anwesenheit. Und da wir ihm keine Schlaf- und Beruhigungsmittel mehr gaben – sie hatten ohnehin nichts genutzt – gab es nun häufiger Stunden, in denen die alte Klarheit zurückkam. Vaters Stimme klang wieder nach seiner Stimme, und in seine Mimik kehrten die Züge zurück, die wir an ihm kannten.

Er fragte Nijole nach ihrer Herkunft und ihrer Familie, und bald begann er selbst zu erzählen. Vom Krieg, der Gefangenschaft, seiner Arbeit als Ingenieur. Und ob Nijole alles verstand oder manchmal nicht folgen konnte, mitunter vielleicht etwas anderes dachte, man merkte es nicht. Stets schaute sie ihn an mit ihren großen Augen, den rosigen Wangen, als gebe es nichts Spannenderes, als die Lebensgeschichte eines Vierundachtzigjährigen zu hören.

Dass Vater aufblühte, wäre zu viel gesagt, doch die Stunden mit Nijole taten ihm gut. Sein früherer Charme kehrte zurück, und für Momente blinkte der alte Schelm wieder in seinen Augen. Auch Nijole schien ihr neuer Arbeitsplatz zu gefallen. Indem sie Vater zuhörte, lernte sie Deutsch, und da er die Morgen verschlief, blieb ihr genügend Zeit für andere Dinge. Sie strickte, schnitt Anzeigen aus den Werbeprospekten, und mit zwei Skistöcken, die sie in der Garage fand, unternahm sie kleine Walkingrunden ums Haus. Aus einer fremden Person wurde in wenigen Tagen eine angenehme und meist gut gelaunte Pflegerin. Bis die Nacht kam, in der sie mich zum ersten Mal ablösen sollte.

»Wie war's bei Mama?«

»Schön«, sagte Lena. »Aber jetzt wohne ich wieder hier.«

»Klar wohnst du hier.«

»Und du musst nicht mehr zu Opa?«

»Nicht mehr so oft. Und vor allem nicht nachts. Er hat jetzt eine Krankenschwester, die ihn betreut.«

»Dann können wir ihn bald besuchen?«

»Ja, wir gehen die nächsten Tage mal hin.«

»Und morgen weckst du mich?«

»Natürlich wecke ich dich. Gute Nacht.«

Ich deckte sie zu und machte das Licht aus. Es war schön, sie wieder bei mir zu haben. Ich hoffte, dass sich jetzt unser Alltag wieder einstellen würde, das Provisorium, das wir Alltag nannten, das Hin und Her zwischen Marens Wohnung und meiner. Morgens würde ich sie zur Schule bringen, kurz bei den Eltern vorbeischauen und im Anschluss in die Sporthalle fahren. Bis Weihnachten liefen die Kletterkurse für Schulklassen.

Als ich an diesem Morgen zu den Eltern kam, erwartete mich Nijole schon in der Tür. Einerseits war sie blass wie ein Handtuch, andererseits hatte sie rote Flecken auf Wangen und Hals. Die »Kriegsbemalung« passte zu ihrer Stimmung.

So eine Nacht habe sie noch nicht erlebt. Keine Minute habe sie geschlafen. Dauernd habe Vater gerufen. Oder geklingelt. Und Vater sei schwer. Und in der Nacht helfe er nicht mit, nicht im Bett und nicht auf der Toilette. Jetzt habe sie Schmerzen im Rücken und in den Schultern. Und sie sei müde. »So müüde.« Sie sei noch jung, sie brauche den Schlaf. Er könne nicht dauernd klingeln. Und sie könne ihn nicht die ganze Nacht heben. »So schwer. Viel zu schwer.«

Vater war sein Lebtag eher mager, doch es stimmte, wenn er nicht mithalf, war es nicht einfach, ihn in den Rollstuhl oder auf die Toilette zu heben.

Ich ging ins Wohnzimmer und fand ihn wie immer. Nach dem Frühstück war er im Sessel eingeschlafen. Ich rückte ihm Kissen und Decke zurecht und ging zurück in die Küche. Dort stand Nijole und schaute mich an, als hätte nicht Vater, sondern ich sie die Nacht wach gehalten.

»Nimm Platz«, schlug ich vor, seit einigen Tagen duzten wir uns.

Sie blieb stehen.

»Ich habe dir am Telefon schon gesagt, dass Vater

Tag und Nacht vertauscht hat. Und dass wir für nachts eine Betreuerin brauchen. Tagsüber gibt es nicht viel zu tun, aber nachts brauchen wir dich. Ich schlage vor, dass du dich tagsüber ausschläfst.«

»Aber Schlaf am Tag nicht derselbe!«

»Nein. Aber er ist besser als nichts. Und ich sehe keine andere Lösung, oder siehst du eine andere Lösung?«

»Muss schlafen. Vater muss schlafen! Herr Zack auch geschlafen. Ganze Nacht geschlafen. Herr Zack …«

»Nijole«, unterbrach ich, »deine Stelle bei Herrn Zack ist vorbei. Und hier ist eine andere Situation. Vaters Rhythmus ist im Moment nicht zu ändern. Wahrscheinlich ist er überhaupt nicht mehr zu ändern. Dein Job ist die Nacht, das habe ich dir vorher gesagt. Dafür löst dich Mutter tagsüber ab, und dafür habe ich dir eine Woche Zeit gegeben, dich einzugewöhnen. Jetzt bist du dran. Mit Nachtschicht! Ich kann es nicht ändern.«

Nijole schlug die Tür hinter sich zu und ging in ihr Zimmer. Ich schluckte den Knall und fuhr in die Halle. Als ich am Abend wieder ins Haus kam, saß sie in der Küche und aß. Sie hatte sich ihren Mittagstisch warm gemacht und schaufelte jetzt Reis und Gulasch in sich hinein ohne aufzublicken. Auch meinen Gruß erwiderte sie nicht. Sie war mit ihrem Abendessen beschäftigt, und dazu machte sie ein Gesicht, als sei ihr großes Unrecht geschehen.

Ich setzte mich und spürte, wie ihre Wut auch mich wütend machte.

»Was ist?«, brach es aus mir hervor. »Stört dich was? Passt dir was nicht? Sprich dich aus!«

Erst reagierte sie gar nicht, dann kippte ihr Gesicht wie ein Kalenderblatt um. Was eben noch verkniffen und blass war, im nächsten Moment war es im Rund ihrer gut durchbluteten Wangen verschwunden. Jetzt strahlte sie, als hätte ich ihr Blumen gebracht.

»Nein, nein«, summte sie. »Alles schön, alles in Ordnung. Gut geschlafen und jetzt ausgeruht für die Nacht.«

Fast tänzelnd ging sie zum Kühlschrank, um sich eine Nachspeise zu holen.

Am nächsten Morgen erwartete mich Nijole nicht in der Haustür. Sie hatte Vater gewaschen, rasiert und gekämmt, und nachdem er im Fernsehsessel eingeschlafen war, verabschiedete sie sich in ihr Zimmer. Auch die folgende Nacht hielt sie durch, ohne sich zu beschweren. Nur in der dritten Nacht weckte mich ein Anruf von Mutter: Ich solle kommen, sofort! Vater stecke im Wäschedurchwurf und sei am Ersticken.

Eine Blutspur zeigte den Weg, den Vater gekrochen war. Von seinem Bett zur Schlafzimmertür und weiter zum Wäschedurchwurf im Flur. Kriechend hatte er sich den Verband vom Fuß und die Kruste von der Zehe gescheuert, und das frische Blut hatte seinen Weg markiert. Als ich ankam, hatte ihn Mutter aus seiner eingeklemmten Lage im Durchwurf befreit, doch sie hatte nicht vermocht, ihn zurück ins Bett zu bringen. Jetzt hockte er im Flur auf dem Boden.

»Was war?«, fragte ich ihn.

Er schaute aus großen Augen, als müsse er selbst überlegen, was war.

»Ist keiner gekommen«, sagte er dann. »Ich habe gerufen. Geklingelt. War keiner da!«

»Und dann?«

Er zuckte die Achseln. »Wenn keiner da ist, hab ich gedacht, kann ich ja gehen.«

»Wo wolltest du hin?«

Er schaute zur Seite, als müsse er kontrollieren, ob wir allein sind, dann flüsterte er: »Ich bin schon mal abgehauen.«

»Vater«, sagte ich, »du bist nicht in Russland.«

»Aber ich bin gefangen.«

»Du bist nicht gefangen.«

»Ich kann hier nicht raus.«

»Sicher kannst du raus.«

»Jetzt gleich?«

»Ja.«

»Gehen wir!«

»Vater, es ist fünf Uhr in der Früh. Draußen ist es noch dunkel und kalt. Wenn du willst, gehe ich heute Mittag mit dir raus.«

»Und ich muss nicht mehr zurück?«

»Aber du bist zu Haus! Dies ist dein Haus.«

»Bei mir wohnt keine Russin.«

»Das ist keine Russin. Das ist Nijole, aus Litauen, sie ist deine Pflegerin.«

»Ist das … eine Herberge?«

»Nein, es ist das Haus, das du selber gebaut hast. 1970 hast du's gebaut. Und fünfundachtzig kam der Balkon dran. Und nachher drei Gauben …«

Er überlegte. Dann schüttelte er den Kopf. »Ich will jetzt nicht rechnen. Ich bin müde. Bring mich ins Bett.«

Ich fuhr den Rollstuhl herbei, hob Vater hinein und brachte ihn wieder zu Bett. Während Mutter ihm den Fuß frisch verband, ging ich zu Nijole hinüber. Da sie auf mein Klopfen nicht reagierte, öffnete ich die Tür und schaltete das Licht ein.

Sie schlief. Mit einer Hand unter der Wange schlummerte sie so tief wie Lena nach einem langen Tag im Freien. Die Batterien lagen neben der Funkklingel, und aus Nijoles Ohren ragten die gelben Enden zweier Oropaxstöpsel. Auf dem Nachtschrank lag eine aufgerissene Schokoladenpackung, daneben stand eine Flasche Cola-light.

Ich ruckte an ihrer Schulter. Sie seufzte und verschob ihren Leib unter der Decke. Ich ruckte erneut. Jetzt hob sie die Augenlider. So verschlafen sie war, die Situation erfasste sie schnell. Und mit der mir schon vertrauten Plötzlichkeit wechselte der Ausdruck in ihrem Gesicht. Aus seligstem Schlummer traten jetzt Züge voller Entsetzen und Sorge.

»Oh Gott«, rief sie aus. »Wie lange? Wie spät?« Sie zog die Nase hoch, als kämpfe sie gegen Tränen. »Habe nur … fünf Minuten. Wecker kaputt?«

Es gab keinen Wecker. Den Wecker auf ihrem Nachtschrank hatte sie schon am ersten Tag in die Küche befördert. Er ticke zu laut.

»Zieh dich an«, sagte ich. »Pack deine Sachen. Ich bring dich zum Bahnhof.«

»BITTE?« Spätestens jetzt war sie hellwach.

Ich zog die Tür hinter mir zu. Wenn ich mir vorstellte, Vater hätte es durch den Wäschedurchwurf geschafft, groß genug war die Öffnung. Er wäre zwei Stockwerke kopfvoran auf den Kellerboden gestürzt.

Ich ging in die Garage, um Kabelbinder zu suchen, ich wollte die Schranktür des Wäschedurchwurfs verschließen. Als ich wieder hoch in die Wohnung kam, war Vaters Zimmer hell erleuchtet. Mutter rutschte auf Händen und Knien über den Boden und versuchte, mit Fleckenwasser die Blutspur aus dem Teppich zu scheuern. Und neben ihr kniete Nijole und scheuerte ebenfalls.

Mutter und ihre Fleckenmittel! Soweit ich zurückdenken kann, blieben in diesem Haus kein Textil und kein Teppich von ihren Mitteln verschont. Wo vorher ein Fleck war, blieb nachher eine hellere Stelle. Der Chlorgeruch hing noch Tage im Haus. Jetzt kroch sie wieder über den Boden, mit einem künstlichen Hüftgelenk und Arthrose in beiden Schultern. Und Nijole im Nachthemd daneben. Während Vater mit beiden Händen an seinem Galgengriff zerrte: »Was macht ihr? Was macht ihr? Hört auf!«

Ich war plötzlich so müde wie seit Jahren nicht mehr. Seit Wochen fehlte mir ein Mindestmaß Schlaf. Vor zwei Tagen hatte die Bergschule angerufen, ob ich im Januar zur Verfügung stünde oder endgültig absage. Anfragen von Stammkunden liefen auf. Auf meinem Computer stauten sich E-Mails, auf meinem Schreibtisch Papierkram. Ich ging in den Flur, um mich um den Wäschedurchwurf zu kümmern, als mein Handy klingelte. Ich wusste, wer dran war.

»Papa«, weinte Lena. »Ich bin eben wach geworden, aber du bist nicht da!«

»He, wieso sind auf einmal so viele Boote da draußen?«

Vom Bett des *Housetrucks* konnte man durch ein Fenster aufs Meer sehen, und meist war es Lena, die als erste erwachte.

»Das sind Fischerboote«, sagte Maren.

»Und warum fahren die so früh raus?«

»Da beißen sie besser.«

»Ah, klar. Wenn die Fische wach werden, haben sie Hunger!«

Mama, warum gibt es eigentlich Hunger? Und warum müssen wir trinken? Wieso müssen wir andauernd atmen? Wieso wachsen uns Haare? Und Papa, warum gibt es Pflanzen? Und wer macht die Farben? Können Tiere nicht sprechen?

Fast jeden Morgen weckte uns Lena mit ihren Fragen. Und nicht selten hatte ich den Eindruck, dass unsere Antworten gar nicht so wichtig waren. Als wäre nach dem Aufwachen unsere Stimmen zu hören, schon eine Art Antwort.

Manchmal freilich lag ihr schon an dem Thema. Wenn es darum ging, wie die anderen barfuß zur Schule zu laufen. Oder bei ihrer Freundin zu zelten. Und einmal wurde sie wach und sagte ernsthaft erschrocken: »Mama, eben bin ich wach geworden und wusste gar nicht mehr, wer ich bin.«

»Nein?«

»Wer bin ich denn?«

»Du bist Lena, sieben Jahre alt und die Tochter von Maren und Tom?«

»Und was noch? Papa!« Sie stieß auch mich an.

»Du gehst in die zweite Klasse der Takaka Grundschule, und du kannst schon vier Worte Englisch.«

»Fünf. Weiter!«

»Du kannst gut schwimmen. Weit laufen tust du nicht so gerne, aber du lernst gerade Trampolin springen.«

»Was noch?«

»Deine Freundin heißt Elisa, deine Lehrerin ist Miss Pommery …«

Wir zählten ihr noch einiges auf, bis sie sagte: »Gut. Gibt's jetzt Frühstück?«

Das war vor drei Jahren, und heute Morgen erwachte ich selbst und wusste plötzlich nicht mehr, wer ich war. Irgendetwas hatte sich verschoben, eine der Gewissheiten, die mich immer getragen hatten, war nicht mehr da. Ich merkte, es hatte mit Vater zu tun und einem Traum, den ich in der Nacht träumte. Ich war vorangeklettert, zog nun das Seil ein, doch statt nach einigen Metern den gewohnten Widerstand zu spüren und den Ruf »Seil aus« zu hören, zog ich weiter und weiter, bis ich das leere Ende in der Hand hielt.

Nun, Vater war noch da, und ich war noch da, doch etwas zwischen uns hatte sich verschoben, und mit diesem Etwas hatte sich alles verschoben. Fast war es ein Gefühl wie in einem Schneesturm, wenn du halb blind gegen den Wind kämpfst und im Gestöber nicht mehr weißt, ob du bergauf oder bergab steigst, ob rechts oder links, und deine Angst und die Anspannung sind so gewaltig, dass du alles vergisst, was nichts mit den nächsten zwei Schritten zu tun hat.

Der Wecker riss mich aus meinem seltsamen Zustand, und ich stand auf, um Frühstück zu machen. Ich räumte Lenas Malblock und die Stifte vom Tisch, stellte Cornflakes bereit, kochte Kaffee, und die gewohnten Handgriffe halfen, mich halbwegs wieder einzurenken in mich.

Wie es aussah, war ich immer noch Lenas Vater. Nijole gegenüber war ich wohl so etwas wie der Arbeitgeber. In der Kletterhalle war ich Angestellter, draußen war ich Bergführer, und was Vater anging, so hoffte ich, zwischen meinen Tätigkeiten als Pfleger und Vormund, Wäschewechsler und Toilettenbegleiter eines nicht zu vergessen: Zuerst und vor allem war ich sein Sohn.

»Weißt du, was Nijole in Litauen gelernt hat?«

Schlafen, Essen, Fernsehen, dachte ich.

»Näherin!«, sagte Mutter. »Und weißt du, was sie heute gemacht hat? Sie hat mir zwei Hosen gekürzt. Schau mal, wie schön sie die Säume vernäht hat.«

»Hm.«

»Und komm mal mit, was sie jetzt macht.«

Ich folgte ihr in den Keller, und dort saß Nijole an der alten Singer-Nähmaschine. Das gusseiserne Gestell hatte jahrelang nur als Ablage gedient. Jetzt war der versenkbare Kopf nach oben geklappt, Nijoles Fuß wippte auf dem Pedal, der Keilriemen schnurrte, und mit großer Sicherheit verschob sie Kleidungstücke unter der flirrenden Nadel.

»Sie kürzt meine Röcke«, freute sich Mutter. »Weil ich bin doch kleiner geworden. Stell dir mal vor, was ich alles wieder anziehen kann.«

Ich bezweifelte, dass Mutter künftig etwas anderes anzog als die zwei oder drei Garnituren, zwischen denen sie seit Jahren wechselte.

»Wenn sie dir auch etwas ändern soll? Oder Lena? Sie kann auch was drannähen.«

»Mama ...«

»Nicht wahr«, Mutter legte Nijole die Hand auf die Schulter, »Ihnen ist das nicht zu viel.«

»Nein, nein«, strahlte Nijole. »Ist doch meine Hobby. Mache ich gern. Auch für Ihre Mann werde ich kürzen.«

Ihr Geschick an der Nähmaschine war mir nicht wichtig. Das Wesentliche war, dass sie die Nachtschichten durchhielt. Und es schien zu gelingen. Vor die Aussicht gestellt, nach Hause zu fahren oder Vater in der Nacht zu betreuen, gelang es ihr, bis zum Morgen wach zu bleiben. Auch Vater zu drehen oder in den Rollstuhl zu heben, war ihr nicht mehr zu schwer. Nach dem Frühstück ging sie zu Bett, und wenn sie am Nachmittag aufstand, sah sie fern oder las Zeitung. Die Hausarbeit überließ sie nach wie vor Mutter, lediglich in die Bedienung der Waschmaschine ließ sie sich einweisen. Allerdings wusch sie nichts aus dem Wäschekorb, sondern nur ihre eigene Wäsche, konkret die Unterwäsche. Ich konnte es nicht übersehen, da ihre gesammelten Teile im Keller an der Leine hingen und von dort offenbar so bald nicht verschwinden sollten. Litauische oder auch russische Dessous, Nijole besaß eine erstaunliche Anzahl davon. So unterschiedlich die Modelle ausfielen, eines war ihnen gemeinsam: die Größe. Und so groß sie waren, man sah ihnen an, wie sehr sie sich spannten, bereits gespannt hatten, um sich um Nijoles Kurven zu legen.

»Rundum zufrieden«, hatte Herr Zack am Telefon gesagt. Rundum zufrieden, hatte er mehr als einmal betont. Jetzt unter Nijoles Dauerausstellung bekam der Ausdruck eine neue Bedeutung. Nun, ich musste nicht jeden Tag mit eingezogenem Kopf in den Keller, und ich vergaß ihre intime Sammlung auch wieder. Doch jemand anderes schien Nijole nicht vergessen zu können. Es war Anfang Dezember, als Herr Zack in der Tür stand.

Eine Weihnachtsfeier, sagte er, habe er in der Nähe besucht. Und da sei ihm die Idee gekommen, kurz Guten Tag zu sagen und ein Geschenk abzugeben.

Herr Zack war ein kleiner Mann. Rote Hände, roter

Kopf steckte er in einem zu großen Mantel. Er sah nicht aus, als sei er auf einer Weihnachtsfeier gewesen. Er sah aus, als habe er tagelang überlegt, unter welchem Vorwand er hier aufkreuzen konnte, und sich jetzt mit ein paar Gläsern Cognac die letzten Bedenken genommen.

»Nijole schläft«, sagte ich.

»Sie schläft?«

Es war ein Uhr am Mittag. Ich erklärte ihm, wieso Nijole schlief.

»Dann ist sie am Nachmittag wach?«

»Meistens.«

»Dann geht es«, sagte er. »Ich wollte sie einladen. Ich habe morgen Geburtstag. Und vielleicht könnten wir morgen oder am Wochenende … jetzt sind doch überall Weihnachtsmärkte. Und Nijole geht so gerne über den Weihnachtsmarkt!«

Nijole geht so gerne über den Weihnachtsmarkt. Das klang wie der Anfang einer Geschichte. Ein Märchen, das Herrn Zack von innen erhellte. Ich wollte von seinem Märchen nichts hören, doch seine erhobenen Brauen, sein schiefer, lächelnder Mund, der ganze sich aus seinem Mantel reckende Mann erzählte davon.

»Wir brauchen Nijole«, sagte ich langsam und betonte jedes einzelne Wort.

»Natürlich«, sagte er schnell. Er wolle nicht stören, auf keinen Fall. Er dachte nur, weil er morgen Geburtstag habe. Und am Wochenende Weihnachtsmarkt sei.

Ein Besuch müsse nicht lang sein. »Hat sie nicht mal einen Nachmittag frei?«

»Herr Zack«, sagte ich. »Nijole ist jetzt drei Wochen hier. Und seit wenigen Tagen haben wir so was wie einen Rhythmus gefunden. Kein einfacher Rhythmus, es ist jetzt zu früh, ihn zu unterbrechen.«

»Natürlich.« Herr Zack sagte noch mal, er wolle nicht stören. Und wieder begann er von seinem Geburtstag zu reden. Unterm Reden begannen ihm die Wangen zu zucken, ein Augenlid kam ins Flackern, der ganze Mensch ruckte, als werde er von kleinen elektrischen Schlägen getroffen.

Zack tat mir leid. Ich wusste nicht, ob er an der Flasche hing oder an Medikamenten, doch was Nijole anging, war er offenbar auf Entzug. Er vermisste sie, er sah aus, als könne er an nichts anderes denken. Ich konnte ihm in seiner Sehnsucht nicht helfen. Wollte auch nicht. Jetzt nicht. Ich sagte ihm, er solle mich im neuen Jahr einmal anrufen, vielleicht sei die Situation dann stabiler.

»Nächste Woche?«

Im nächsten Jahr, wiederholte ich. Nicht vorher. Auf keinen Fall vorher.

»Kann ich wenigstens mein Geschenk da lassen?«

Mir lag nichts daran, Nijole durch ein Geschenk an Herrn Zack zu erinnern, andererseits wollte ich ihm keinen Grund geben, vor Weihnachten wieder aufzukreuzen. Ich nahm das Geschenk und verabschiedete mich.

Herr Zack blieb noch eine Weile vorm Haus. Er ging auf die andere Straßenseite und schaute zu den Fenstern hinauf, als wären sie die Türchen seines Adventskalenders. Zack fiel da draußen kaum auf. Er war der Mann, der dreißig Jahre in die gleiche Kneipe geht, und wenn er am letzten Abend statt »Ein Bier« »Das Gleiche wie immer« bestellt, fragt die Wirtin: »Und das war?«

Vielleicht hatte er mit Nijole zum ersten Mal eine Frau im Hause gehabt. Eine solide Frau, die durchaus freundlich sein konnte. Bei Kaffee und Keksen. Über Strickzeug und dem Fernsehprogramm. Vielleicht hatte sie sich auf dem Weihnachtsmarkt bei ihm eingehängt. Vielleicht hatte sie ihm die Wange gestreichelt. Sicher hatte er auf der Wäscheleine ihre Slips sehen dürfen. Hoffnungsfähnchen in seinem an Hoffnungszeichen nicht reichen Leben. Und jetzt war Nijole zurück. Zu seinem Geburtstag!

Tut mir leid. Ich war für sein Wunder nicht zuständig. Ich hatte mit Vater mein eigenes Wunder, manchmal ein trauriges, manchmal ein schönes. Häufiger traurig. Ich ging ins Wohnzimmer, um nach ihm zu sehen.

»Vater, wann hast du dich eigentlich das erste Mal alt gefühlt?«

»Alt? Ich fühle mich noch immer nicht alt.«

Das war letzten Sommer gewesen. Und auch jetzt, wo ihm die Beine versagten, wehrte er sich gegen jede Resignation. Mit dem Gedanken, dass jedes Leben und damit auch seines einmal zu Ende geht, hielt er es wie in früheren Zeiten, er ließ den Gedanken nicht zu. Doch sein eigener Körper, seine schwindende Kraft, hörten nicht auf, ihn daran zu erinnern.

Neben kleinen Fortschritten, die Vater gelangen, überwogen die Rückschläge. Es gelang ihm bald nicht mehr, mit der Fernbedienung die Programme zu wechseln. Auch die Tasten des Telefons traf er nicht mehr. Beim Essen überkam ihn manchmal ein Husten, dass er seinen Tee oder Kuchen wieder ausspucken musste. Dazu kam, dass er den Urin nicht mehr halten konnte, er war auf Pampers angewiesen. Schlief er tagsüber auf seinem Sessel, setzte mitunter sein Atem aus, und er fiel in Zustände wie vor Wochen im Krankenhaus. Nichts bewegte sich mehr, und der Pulsschlag an seinem Hals wurde so langsam, als würde er im nächsten Moment für immer verebben. Doch dann raste er wieder, Vater schnappte nach Luft, und es konnte sein, dass er eine halbe Stunde später eine Runde Gymnastik vorschlug. Danach konnte er freilich wieder so schwach sein, dass ihm der Kopf auf den Essenstisch fiel.

Der Tod, dachte ich, spielt mit Vater wie eine Katze mit einer Maus. Es war dieses Auf und Ab, dieser ständige Wechsel zwischen Verzweifeln und Hoffen, zwischen Nicht-mehr-können und Immer-noch-wollen, der Vater und uns alle zermürbte.

Und doch gab der alte Kämpfer nicht auf. Zeit seines Lebens war er so ins Hiersein verwoben, dass ein Jenseits nicht zu seinen Möglichkeiten gehörte. Er hatte die Front überlebt, er war der russischen Gefangenschaft entkommen, nun wollte er aus dem Elend dieser Wochen wieder heraus.

»Was ist das?«, fragte er, als er auf dem Tisch einen Kerzenkranz sah.

»Erster Advent«, sagte ich.

»Was?«

»Erster Advent. In drei Wochen ist Weihnachten.«

»Weihnachten«, nickte er. Und nach einem Moment erhellte sich sein Gesicht. »Zu Weihnachten«, sagte er, »gibt es ein Weihnachtsgeschenk.«

»Ja?« Wir hatten vor Jahren schon aufgehört, uns zum Fest zu beschenken.

»Für mich!«, nickte er. »Rück mal her.«

Ich rückte zu ihm, und jetzt sprach er mit einer Klarheit wie seit Wochen nicht mehr.

»Viele Gipfel werde ich nicht mehr besteigen. Aber meine Arme sind immer noch gut. Und meine Beine sind nicht so schlecht. Wenn ich trainiere, müsst ich's doch schaffen. Weihnachten fahre ich Rollstuhl! Ich meine: allein. Dass mich keiner mehr schieben und keiner mehr heben muss. Dass ich allein in der

Wohnung rum kann und alleine aufs Klo. Viel ist das nicht, aber es würde mir genügen, es muss mir genügen. Meinst du, das schaff ich?«

»Das schaffst du.«

Er nickte. Er war auch der Meinung, dass er es schaffte.

»Schau mal, was ich gemacht habe.« Er zog unter seinem Bein ein Stück Reepschnur hervor.

»Eine Acht!«, sagte ich.

»Ich hab Knoten geübt. Für meine Finger, meine Motorik.«

»Den hast du hingekriegt.«

»Ich krieg auch noch andere hin. Und Weihnachten fahr ich Tiroler!«

Vater sagte Tiroler. Der Name gefiel ihm besser als »Rollstuhl«.

Diese Acht zu sehen, tat gut. Schon das Seilstück zu sehen, tat gut. Es gehörte zu keinem Rollstuhl und zu keinem Haltegriff neben dem Klo. Es gehörte in eine Landschaft, die Vater wie mich stets mit Licht und Weite erfüllte.

»Wir zeigen es Mutter«, schlug ich vor.

»Später. Gib mir die Hand!«

Ich gab Vater die Hand. Er nahm sie in seine, und sein Händedruck war der gleiche wie früher; warm, verlässlich und stark.

»Du hast immer noch Kraft«, sagte ich.

»Und du immer noch kalte Finger.«

»Beim Klettern werden sie warm. Schon beim Rucksackpacken werden sie warm. Sollen wir ein paar Übungen machen?«

Er nickte. »Ich ruh mich noch einen Moment aus.«

Vater schloss seine Augen, und kurz danach war er eingeschlafen. Ich blieb bei ihm sitzen. In seinen Händen lag noch immer das Seilstück. Ich sah die Altersflecken auf seiner Haut, ich sah die Falten, doch seine Hände waren immer noch schön. Die Lust am Angreifen hatte diese Hände geformt. Jetzt hatten sie eine Acht geknüpft. Ich wollte nicht wissen, wie lange er dazu gebraucht hatte. Ich stand auf und ging in die Küche. Wenn Vater wach wurde, würden wir ein paar Übungen machen.

Weihnachten näherte sich. Lena bastelte Geschenke fürs Fest, und Nijole dekorierte mit Tannenzweigen ihr Zimmer. Dass ich Herrn Zack weggeschickt hatte, hatte sie nicht allzu tragisch genommen. Sie freute sich über dessen Geschenk, es war eine Kiste mit Lebkuchen, die sie »für alle« auf den Küchentisch stellte. Da die Eltern von dem freundlichen Angebot keinen Gebrauch machen wollten, nahm sie die Kiste bald mit in ihr Zimmer und aß den Inhalt dort auf. Auch das Geschenk, das sie für Herrn Zack mitgebracht hatte, eine

Schokoladensammlung aus ihrer Heimat, hatte sie zwischenzeitlich gegessen. Fast täglich kam sie auf Weihnachten zu sprechen.

»Weihnachten immer so schön! Du auch Weihnachten feiern? Mit ganze Familie?«

Die Worte Familie und Weihnachten verband sie so oft, dass ich nicht überrascht war, als sie mir mitteilte: »Meine Mann an Weihnachten frei.«

Ich hielt mich mit Begeisterungsäußerungen zurück, und die Frage, die ich befürchtet hatte, kam auf dem Fuß: »Kann Mann an Weihnachten kommen?«

Ich überlegte.

»Für wie lange?«, fragte ich.

»Nicht lange. Nur abholen kommen. Weihnachten wir immer nach Haus.«

»Nach Litauen?«

»Zu ganze Familie!«

Das war weit für zwei Feiertage.

»Wie lange willst du denn bleiben?«

»Mann hat drei Wochen frei. Ganze Urlaub gespart. Ich auch drei Wochen frei?« Sie strahlte, ihr Weihnachten schien schon begonnen zu haben.

»Aber du bist erst vier Wochen hier«, sagte ich.

»Samstag werden es fünf.«

»Nijole, du hast mir zugesagt, dass du drei Monate bleibst. So war es abgemacht. Keine fünf Wochen.«

»Aber doch Weihnachten!«

»Dass Weihnachten kommt, hast du vorher gewusst.«

»Zwei Wochen?«

Ich schüttelte den Kopf.

»Eine?«

»Nijole, wir brauchen dich hier. Und ich erwarte, dass du wie zugesagt drei Monate bleibst.«

Sie zog die Nase hoch, drückte ein paar Tränen zur Seite, dann sagte sie:

»Gut. Dann ich bleiben. Hier auch schön. Weihnachten überall schön. Weihnachten mit eure Familie!«

Sie ging in ihr Zimmer zurück.

Ich traute dem Frieden nicht. Und allzu lange hielt er auch nicht. Als ich am nächsten Morgen zu den Eltern kam, stand Nijole voller Aufregung in der Tür.

»Eine Unfall!«, rief sie. »Vater gestürzt. Muss in Krankenhaus. Schwer gestürzt. Schlimm!«

»WAS?«

Ich wollte zu Vater, doch Nijole versperrte den Weg. Nicht mein Vater, erklärte sie, sondern ihr Schwiegervater habe einen Unfall gehabt. Heute Morgen sei er im Kuhstall gestürzt. Das Bein und zwei Rippen habe er gebrochen.

Nijole war wütend. »Er brauchen gar keine Kuh. Und er brauchen nicht Ziege.« Auch über den Nachbarn war sie verärgert. »Was rufen er um sieben Uhr an. Kann nicht helfen von hier. Soll Abend anrufen.« Jetzt könne sie den ganzen Tag nicht mehr schlafen.

Im ersten Moment war ich erleichtert, dass sich die Aufregung nicht auf Vater bezog. Dann dämmerte mir, was Nijole mit ihrer Geschichte bezweckte. Der gefrorene Stall, die Stufe hinter der Tür, sie hörte nicht auf, mir Detail um Detail zu erzählen.

»Du willst nach Haus«, sagte ich.

»MUSS nach Haus! Muss helfen.«

»Und dein Mann kommt dich holen?«

»MUSS kommen. Muss!«

»Nijole«, sagte ich. »Ich glaube dir kein Wort. Deine Geschichte ist von Anfang bis Ende erlogen. Kein Wort ist wahr. Aber ich kann es nicht ändern. Wenn du nach Hause willst, fahr!«

»Dann kann ich …«

Ich zuckte die Achseln. »Du fährst sowieso.«

Ich ging weiter, um nach Vater zu sehen.

»Herr Tom, da ist noch Problem.«

»Ja?«

»Kann ich … gehen Geschenke kaufen?«

»Warum sollst du keine Geschenke kaufen?«

»Ja, aber ich brauchen … Geld für Geschenke.«

Das kam jetzt sehr prompt. Vor einer Stunde war ihr Schwiegervater gestürzt, vor einer halben Stunde hatte sie den Anruf erhalten, jetzt wollte sie ihr Gehalt. Dazu war ihr Gesicht wieder rosig und glatt, ihre Aufregung wie nie gewesen.

»Natürlich bekommst du deinen Lohn. Komm hoch in die Küche! Und bring deinen Ausweis mit.«

»BITTÄ?« Das kam jetzt ohne jede Verstellung.

»Ich möchte deinen Ausweis sehen oder den Reisepass. Was du dabei hast.«

»Warum?«

»Nijole, ich weiß nicht mal, wie du mit Nachnamen heißt. Und nicht, wo du wohnst. Ich will wissen, mit wem ich es zu tun gehabt habe.«

»Aber warum?«

»Ich will's halt wissen.«

»Du willst … Polizei! Melden willst du!«

»Was soll ich denn melden? Mich selbst? Keinen Menschen interessiert das. Jeder weiß, ohne euch …«

Ich brach den Satz ab. Ich wollte ihr nichts erklären, ich wollte sie ärgern. Für drei Monate hatte sie zugesagt, und nach viereinhalb Wochen verschwand sie. Dafür hatte ich ihr einen doppelten Mittagstisch kommen lassen, dafür hatte ich Schokolade, Südfrüchte und kistenweise Cola angeschleppt. Und dafür hatte Mutter Bad und Küche geputzt, während Nijole vor dem Fernseher lag.

»Bring deinen Pass mit«, sagte ich noch mal.

Die nächsten Tage waren für Nijole nicht angenehm. Sie brachte ihre Nachtschichten hinter sich, und tagsüber bewegte sie sich durchs Haus wie durch einen möglichen Hinterhalt. Sie stellte ihre Walkingrunden ein, nicht mal ans Fenster wagte sie zu gehen. Sie blieb bei ihrer Weigerung, mir ihren Ausweis zu zeigen, und ich blieb bei meiner Bedingung, ihre Personalien zu kennen, bevor ich sie auszahlte.

Dass meine kleine Bosheit so wirken würde, überraschte mich. Andererseits fühlte ich mich nicht allzu großartig. Es war so einfach, den starken Mann zu spielen. Mit einem deutschen Pass, in der eigenen Sprache und mit einem Job, der mir ermöglichte, mit zwei Führungstouren so viel zu verdienen wie Nijole in einem Monat.

Ich wartete bis Freitag, dann gab ich ihr ihren Lohn. Samstagmorgen kam ihr Mann, und er stieg so aus, wie er vor fünf Wochen eingestiegen war. Übernächtigte Augen, zerschrammte Hände und Fingerkuppen, aus denen die Ölspuren nicht mehr verschwanden. Er parkte den alten Passat unterm Balkon, dann half er seiner Frau, die beiden Koffer hinunterzutragen. Nijole wollte gleich los.

»Vor Autobahn noch mal spazierren«, lachte sie. »Durch Lidl und Obi spazierren.«

Vom Schwiegervater und seinem Unglück war nicht mehr die Rede. Auch von einem Zurückkommen nicht. Nur von einer Salami war noch die Rede. Die Eltern hatten von Nachbarn einen Geschenkkorb erhalten. Eine unterarmlange Salami ragte aus diesem Korb, und mehrmals am Tag setzte sich Nijole an den Küchentisch, um an ihrem Aroma zu riechen. Zum Abschied schenkte ihr Mutter die Wurst.

»Kommt an Weihnachtsbaum«, strahlte Nijole. »Vorher nur riechen, ganze Familie.«

Der Motor sprang an, der Auspuff schlug gegen das Blech, der alte Passat ploppte über den Bordstein. Ich stand in der Einfahrt und konnte nicht vermeiden, die Hand zu heben und den beiden im Stillen alles Gute zu wünschen.

Ohne Nijole waren wir wieder so weit wie am Anfang. Bis eine neue Pflegerin gefunden wäre, blieb mir nichts anderes übrig, als die Nächte wieder bei den Eltern zu verbringen. Lena kam mit. Allerdings wollte sie nicht im Gästezimmer schlafen.

»Warum nicht?«

»Dort riecht es nach dieser Frau.«

»Wir lüften! Wir machen das Fenster auf und die Tür, und der Durchzug …«

»Nein. Wenn man die Tür aufmacht, riecht es noch komischer.«

Ich wusste, was Lena meinte. Aus Vaters Schlafzimmer drang manchmal sein Windelgeruch in den Flur.

»Sollen wir im Wohnzimmer schlafen?«

»Das braucht Opa zum Fernsehen.«

»Aber irgendwo müssen wir schlafen.«

»Wir zelten.«

»Es ist Dezember!«

»Wir zelten nicht draußen. Wir zelten auf dem Balkon.«

»Im Wintergarten?«

Vater hatte den Balkon zum Wintergarten verglast. An den Holzbalken hing altes Klettermaterial, und in die Korbmöbel hatte er sich gerne zurückgezogen, wenn er die Zeitung las oder seine Touren vorbereitete.

»Wahrscheinlich auf Luftmatratzen«, sagte ich.

»Natürlich auf Luftmatratzen. Wie letztes Jahr in … wie hieß das?«

»Kaunertal.«

»Im Kaunertal. Und Emu kommt mit und Dino, und bevor ich mich hinlege, musst du die Tiere wegmachen.«

Ich nickte. Lenas Vorschlag war gar nicht so schlecht. Auch ich lag lieber im Wintergarten als zwischen Nijoles Schlaf- und Vaters Uringeruch. In zehn Minuten war unser Lager gerichtet, nicht mal ein Zelt brauchten wir. Wir bliesen unsere Luftmatratzen auf und legten die Schlafsäcke drüber. Emu saß links, Dino saß rechts, und weil man nie wusste, was kommen würde, hatte Lena ihr Taschenmesser unter das Kopfkissen geschoben. Jetzt lag sie im Schlafsack und leuchtete mit der Taschenlampe die Scheiben ab.

»Da ist eine.«

»Da ist keine.«

»Aber Spinnweben sind da.«

»Nur ein paar.«

»Und da ist sie! Iiiiii.«

»Das ist nur ein Fleck.«

»Bewegt sich!«

Ich stieg auf einen Stuhl und legte meinen Finger auf die Stelle.

»Siehst du? Nichts.«

»Gut … Aber bevor du dich hinlegst, leuchtest du alles noch einmal ab!«

»Mach ich.«

»Denn es gibt Haustiere …«

»… und Raustiere.« Das hatte sie mir im letzten Urlaub erklärt.

»Gute Nacht«, sagte ich.

»Gute Nacht.«

Als ich mich zwei Stunden später neben sie legte, leuchtete ich wie vereinbart noch einmal Wände und Scheiben ab. Doch das war nur Vorwand, um Lena sehen zu können. Ihr Schlafgesicht unter den verwirbelten Haaren, ihren trotzigen Mund, ihre Himmelfahrtsnase. Mit einer Hand hielt sie Emu, den Bären, Dino war unter die Decke gerutscht. Was für eine tiefe und sanfte Gewalt von ihrem Schlafen ausging. Der ganze Zauber des Anfangs lag in diesem stillen Gesicht. Und das Ende des Zaubers lag durch zwei Türen getrennt auf der anderen Seite der Mauer.

Ich kroch in den Schlafsack und legte meinen Kopf in das Kissen. Ich wollte noch etwas Schlaf bekommen, bevor Vater mich rief.

Es zeichnete sich ab, dass aus Vaters Vorsatz, zu Weihnachten selbständig Rollstuhl zu fahren, nichts werden würde. Es gelang ihm nicht, ohne Hilfe in den Rollstuhl zu klettern, es gelang ihm auch nicht, ihn zu lenken. Er blieb an Türrahmen hängen, er schrammte gegen die Möbel, und nicht selten war er so schwach, dass er seine gesamte Kraft zu benötigen schien, um nur seine Atmung in Gang zu halten.

»Das Problem ist das Herz«, sagte der Hausarzt. »Sein Problem war immer das Herz. Es ist erstaunlich, was er all die Jahre mit diesem Herzen geleistet hat.«

Vater leugnete stets, ein schwaches Herz zu haben. Doch er konnte nicht übergehen, dass es arhythmisch schlug. Er fühlte es selbst. Und er ließ es mich fühlen.

»Spürst du den Rhythmus?«

Es gab keinen Rhythmus. Sein Herzschlag war ein ständiger Wechsel von Stocken und Rennen. Mal schlug es zu langsam, blieb sekundenlang stehen, dann überschlug es sich wieder, als wolle es verlorenen Boden gut machen.

»Mein Stolperherz«, sagte Vater. »Es geht einfach nicht in der Spur.«

Manchmal dachte ich, so wie dein Herz, Vater, ist auch dein Leben gewesen. Ein Lauf voller überraschender Sprünge. Nicht als Ingenieur, da war Vater die Verlässlichkeit in Person, doch in allen anderen Bereichen wusste man nie, welcher Einfall ihn überkam. Und Vaters Einfälle waren immer jünger als seine Jahre. Und da er sich jung fühlte, musste auch sein Herz weiter schlagen. Auch jetzt schlug es noch, und nachts schlug es stärker als über Tag. So erschöpft Vater war, nachts kehrte der Unruhegeist in ihn zurück. Vater rief. Vater klingelte. Er wollte zu trinken. Er wollte gedreht werden. Und immer wieder rief er mich wegen der Uhr, dem Reisewecker auf seinem Nachtschrank.

»Sie ist stehen geblieben.«

»Sie ist nicht stehen geblieben.«

»Sie steht auf der Sechs.«

»Das ist nicht die Sechs. Du zeigst auf die Neun. Aber da steht sie auch nicht.«

»Aber wo steht sie denn?«

»Auf der Zwei. Vater, es ist zwei Uhr in der Nacht.«

»Was?« Er erschrak. »Wie kann es zwei Uhr sein und Nacht? Es kann nicht zwei Uhr sein und dunkel!«

»Vater, zwei Uhr ist es zwei Mal am Tag. Einmal am Mittag und einmal in der Nacht.«

»Ah! Ah ja«, sagte er mit langen, gedehnten A, als durchdringe er für einen Moment einen Nebel, der ihn beständig umgab. »Und wie viel Uhr ist es jetzt?«

»Ich habe es dir eben gesagt.«

»Vier?«

»Zwei. Zwei Uhr in der Nacht.«

Er schaute zur Uhr, dann verzog er wie im Schmerz das Gesicht. Er konnte nicht fassen, sie nicht mehr lesen zu können.

»Müssen wir aufstehen?«

»Nein, wir haben noch Zeit.«

»Gut. Dann schlafe ich jetzt.«

Er schloss die Augen. Auch ich legte mich wieder. Dreißig Minuten, zwanzig. Bis er erneut den Klingelknopf drückte. In dieser Nacht. In der folgenden. Fast immer ging es ihm um die Uhr.

»Die scheiß Uhr«, fluchte ich schließlich. »Du brauchst überhaupt keine Uhr. Ich weck dich um sieben, jeden Morgen um sieben. Und bis ich dich wecke, bleibst du hier liegen. Die Uhr nehme ich mit!«

»Nicht die Uhr. Bitte!« Er patschte wie ein Kind die Hände gegeneinander. »Bitte, bitte, lass mir die Uhr! Ich verspreche, ich verspreche, ich klingele nicht mehr. Aber lass mir die Uhr!«

Ich ließ ihm die Uhr. Und eine Weile hörte ich

nichts mehr. Doch jetzt lag ich wach, weil ich nichts hörte. Die Stille war seltsam, geladen, es war eine Stille, die unheimlich war. Ich stand wieder auf und fand Vater auf dem Boden im Flur. Dort kratzte er mit den Fingernägeln am verschlossenen Wäschedurchwurf. Er erschrak, als er mich sah und zog seine Fäuste unter die Achseln.

»Ich hab nichts gemacht, nur geguckt. Außerdem hab ich den Schein. Also ich kriege den Schein.«

»Welchen Schein?«

»Den Passierschein, für Offiziere.«

Ich setzte mich neben ihn auf den Boden. Mit dem Rücken an der Wand hockten wir nebeneinander wie zwei Schuljungen vor einer Aufgabe, die zu schwer für uns war. Ich hatte Vater schon mehrmals erklärt, dass er weder in Russland noch in Gefangenschaft war, sondern in seinem eigenen Haus. Ich hatte ihm Fotos gezeigt aus den Jahren, als er dieses Haus baute, ich hatte ihn im Rollstuhl in den Garten gebracht. Er glaubte es nicht. Die Krankheit, das Alter, hatten ihn in einen Zustand versetzt, der mit Zu-Hause-Sein nichts mehr zu tun hatte. Also wollte er weg. Zurück an den Ort, mit dem er vertraut war und wo er denjenigen wiederfand, der er gewesen war.

Ich weiß nicht, was in seinen Gehirnzellen vorging, doch mit einem Mal schob er mir den Arm auf die Schulter und sagte mit einem Lächeln: »Manches weiß ich noch gut. Ganz genau weiß ich es. Weißt du noch, wie du der Mohr warst?«

Ich musste lachen. »Das weiß ich.«

Jetzt lachten wir beide.

In unserer Gegend gab und gibt es zwei Sektionen des Alpenvereins. Eine ältere, die nur Akademiker aufnahm, und eine jüngere, der jeder beitreten konnte. Vater hatte studiert, doch er schloss sich der jüngeren an. Und da die ältere eine Hütte in der Silvretta besaß, kam Vater auf die Idee, in der Silvretta ebenfalls ein Sektionsziel zu haben. Für eine Hütte fehlten die Mittel, so schlug er ein Gipfelkreuz vor. Höher als jene Hütte und warum nicht in sichtbarer Nachbarschaft. »Gegen ein Kreuz«, lachte er, »gegen den Herrgott, kann keiner was sagen.« Nun waren auch für ein Kreuz die Mittel begrenzt, doch da einige Mitglieder Bergleute waren, kamen die Eisenteile von Saarberg. Auch Zement, Anker, Befestigungsseile wanderten nach und nach aus der Grube in unseren Garten. David und ich erhielten den Auftrag, das Kreuz mit schwarzer Farbe zu streichen, und in unserer Begeisterung gaben wir mit der Restfarbe noch eine Zugabe. Meine Lieblingsfigur war in jenen Jahren der Mohr in der Kirche, die kleine runde Negerfigur, die mit einem Kopfnicken dankte, wenn man einen Zehner einwarf. Also ließ ich mich von David in diesen Mohren verwandeln. Einen halben Mohren, denn Mutter kam hinzu, bevor der

Anstrich zu Ende war. An die Rückverwandlung mit Terpentin und Krankenhaus erinnerte ich mich weniger gern, gerne aber an die Abfahrt Richtung Silvretta. Zwei Gipfelkreuzbalken im offenen Käfer, die Bergmannsfahne darüber und Pfarrers Segen dazu, und an der Grenze zu Österreich eine Einfuhrerlaubnis mit dem Stempel der Kolpingfamilie und dem Siegel einer Cognacflasche.

Vater erinnerte sich fast genauer als ich, Detail um Detail erzählten wir uns. Doch dann riss der Strom in seinem Gehirn wieder ab, zumindest kam ihm die Gegenwart beklemmend dazwischen.

»Aber das hier«, sagte er leise, »meldest du nicht.«

»Wem sollt ich es melden?«

»Du meldest es nicht.«

»Nein. Ich melde es nicht.«

»Gut, dann bring mich ins Bett.«

Ich brauchte nichts zu melden, Mutter sah an der Blutspur, was in der Nacht geschehen war. Wieder kroch sie mit Lappen und Chlor über den Teppich, und wieder bot ich Vater an, ihn hinaus ins Freie zu fahren. Er wollte nicht, er sei zu müde.

So lag er im Sessel und ruhte sich aus. Für diese Nacht und die folgenden. Die Nächte, die mich zermürbten. Klingeltöne wie Schläge, Augen wie Löcher und ein Torkelgang, dass ich mich an Schränken und Türkanten stieß. Vater rief, und ich folgte. Um ihn zu wenden. Für einen Schluck Wasser. Die Uhrzeit. Für nichts. Immer öfter für nichts. Für mich war es nichts, für ihn war es viel. Ihm war es alles, womöglich das Letzte, das er noch hatte: jemanden rufen zu können, gegen die Nacht, gegen die Angst, gegen seine »Gefangenschaft«.

Doch für mich war es eine immer schwerer zu ertragende Qual. Es war in einer dieser durchwachten Nächte, dass ein Gedanke auftauchte, den ich nicht wollte. Ein Gedanke, der mir unmöglich schien, doch mit einem Mal war er da, klar und deutlich wie ein Stern am mondlosen Himmel. Vater, hieß dieser Gedanke, mit dem Rollstuhlfahren zur Weihnacht wird es nichts werden. Doch wie wäre es mit einem anderen Geschenk, nicht für dich, doch für uns? Wie wäre es, Vater, wenn du zu Weihnachten stirbst?

Der Satz verschwand wieder, doch er tauchte auch wieder auf. Ich kümmerte mich nicht weiter um ihn. Ich maß ihm so wenig Bedeutung zu wie dem Weihnachtsfest. Weihnachten war in unserer Familie nicht wichtig gewesen. Als wir Kinder waren, gab es Geschenke, später war es der Packtag für den Winterurlaub. Auch dieser Heilige Abend verlief wie die übrigen Abende. Wir aßen zusammen, dann zog sich Mutter in ihr Zimmer zurück. Ich saß mit Vater vor dem Fernseher, und früher als sonst sagte er: »Gehen wir rüber.«

»Jetzt schon?«

»Heute schlafe ich noch mal.«

Und bevor ich etwas einwenden konnte, hob er die Hand und machte mit den Fingern die Bewegung, mit der man eine Spritze betätigt. Ich wusste, welche Spritze er meinte.

»Hast du Schmerzen im Zeh?«

»Nein.«

»Warum willst du dann Morphium?«

»Dann schlafe ich noch mal.«

Mit Medikamenten war Vater nie sparsam gewesen. Und der alte Hausarzt, sein Freund aus Jugendtagen, ebenfalls nicht.

»Wenn er Schmerzen im Fuß hat, spritz ihm Morphium. Du kannst ihm auch so Morphium spritzen, zehn Milligramm haben noch keinem geschadet. Ich lass dir was da.«

Statt Lebkuchen und Stollen eine Dosis Morphium? Warum nicht? Zwei- oder drei Mal hatte ich ihm Morphium gegen die Schmerzen in seinen Zehen gespritzt, und jedes Mal hatte er einige Stunden geschlafen. Ich brachte Vater zu Bett, zog eine Ampulle auf und injizierte ihm den Inhalt in die Bauchdecke.

»Geht es so?«

»Ja.«

»Spürst du was?«

»Nein.«

Eine halbe Stunde später war er eingeschlafen. Sein Atem ging ruhig, und sein Gesicht war entspannt. Er sah nicht aus, als hätte man ihn in eine künstliche Narkose gelegt, er schien nach Wochen einfach noch einmal tief und ohne jede Störung zu schlafen. Mutter lag um diese Zeit lesend in ihrem Bett, und Lena verbrachte Weihnachten, »richtige Weihnachten«, bei ihrer Mutter unter dem Tannenbaum.

Wie es aussah, hatte ich nach Wochen noch einmal frei, für eine kurze Spanne war ich aus allen Pflichten entlassen. Bis zum Morgen würde Vater nicht schlafen, doch zwei bis drei Stunden traute ich der Wirkung des Morphiums zu. Kurzentschlossen gönnte ich mir, worauf ich seit Wochen verzichtet hatte. Ich zog Sportsachen an und joggte hinaus in die Nacht. Morgens war Schnee gefallen, und auf der weißen Decke lief es sich weich. Ich sah das Licht der Straßenlaternen, sah die Weihnachtsbäume hinter den Fenstern, in den Schein meiner Stirnlampe wehten vereinzelte Flocken. Ich passierte die letzten Häuser, dann verschwand das Dorf hinter mir. Laufen. Durch die Nacht, durch die Luft. Laufen, bis ich hinauskam. Laufen, bis ich so leicht wurde wie der eigene Atem. Ich lief.

Als ich zurückkam, schlief Vater noch immer. Doch er war nicht allein. Mutter hatte sich zu ihm gelegt. Ihre Stirn ruhte an seiner Schulter, und ihre Hand lag auf seiner Brust. So schliefen die beiden, nebeneinander, aneinander. Still in mir drin musste ich lachen. Weihnachten!, und auf seine Art hatte jeder sich selber beschenkt. Vater mit Morphium, Lena mit Maren, ich war gelaufen, und Mutter hatte sich zu Vater gelegt.

Ich schaute die beiden an und war froh und traurig zugleich. Was hatte alles passieren müssen, bis dieser Moment wieder möglich war. Jahrzehntelang hatte Mutter im eigenen Zimmer geschlafen, jahrelang hatte sie mit der Entscheidung gekämpft, zu bleiben oder sich scheiden zu lassen. Und jetzt, wo von Vater nicht mehr viel übrig war, lag sie noch einmal an seiner Seite. Ich blieb noch einen Moment im Halbdunkel stehen. Dann kroch ich im Wintergarten in meinen Schlafsack.

»Schau mal, charmant!«

Ich war vierzehn, als Vater zu mir ins Zimmer kam und aus seiner Geldbörse einen abgeschnittenen Filmstreifen zog. Er hatte sich eine Super-8-Kamera zugelegt, und da beim Schneiden Etliches wegfiel, war ich gewohnt, dass in den Papierkörben Filmschnipsel lagen. Dieser war allerdings der erste, den er aus seiner Geldbörse zog.

»Und?«, strahlte er.

Er hielt den Streifen gegen das Fenster, und was ich in den winzigen Ausschnitten sah, war kein Gipfelgrat. Es war auch keine Alm oder ein Sonnenaufgang, es war eine Hüttenwirtin hinter dem Tresen. Vater war so begeistert, dass er meine Verstörtheit gar nicht bemerkte. Nicht bei diesem Schnipsel und nicht bei anderen, die folgten. Manche zeigten die gleiche Frau, manche zeigten andere. Ich wollte diese Schnipsel nicht sehen, doch Vater wollte sie zeigen, und dass sich seine Begeisterung nicht immer aufs Filmen beschränkte, auch das bekam ich bald mit. Von Vaters Affären hörte ich in der Regel später als andere, doch stets erfuhr ich es früher als die Letzte, die es erfuhr; das war Mutter.

Mehrmals dachte sie daran, sich scheiden zu lassen, doch jedes Mal gelang es Vater, sie von dem Schritt wieder abzubringen. Versprechen, Beteuerungen, einmal fuhr er sogar zur Buße nach Lourdes. Er glaubte an seine Vorsätze, doch irgendwann glaubte Mutter nicht mehr an ihn. Vater war kein Dandy, doch was Frauen anging, blieb er der kleine Junge, der um sich herum einen großen Reichtum entdeckte und nicht aufhören konnte, seinen Augen zu folgen. Mit fünfzig, mit sechzig, ja, noch in seinen Siebzigern konnte er den Hut aus der Stirn schieben und jüngere Frauen anstrahlen, als hätten sie nur auf sein Lächeln gewartet.

Und jetzt? Wo er Windeln trug und öfter die Fensterscheibe anstarrte als durch sie hindurch? Was sah Vater jetzt? Wer war er jetzt? Mit jedem Tag schien seine Welt ärmer zu werden.

Lena kam nach den Feiertagen von Maren zurück, und er erkannte sie nicht mehr. Auch Mutter war ihm längst fremd. Abends legte sie sich nun öfter zu ihm, unterhielt sich mit ihm, sang mit ihm Lieder. Es beruhigte ihn, doch wenn sie sich zum Schlafen in ihr Zimmer zurückzog, fragte er mich: »Wer war die Frau? Und wieso lässt sich Mutter das bieten?«

Immer öfter ging er in den Nächten auf Tour.

»Vater, wenn du nicht liegen bleibst, müssen wir dich festbinden.«

»Ich mache ja nichts.«

Doch sobald er länger allein war, zog er sich über den Bettrand und begann, durch die Wohnung zu kriechen. Da der Wäschedurchwurf verschlossen war, kroch er weiter, zog Schranktüren auf, Schubladen, verstreute den Inhalt.

Manchmal schrie ich ihn an, manchmal ließ ich ihn vor Wut noch eine Weile orientierungslos liegen, meistens beförderte ich ihn nicht allzu sanft zurück in sein Bett. Doch jeder Unmut und jede Entnervtheit verschwand, wenn Vater zwischen entleerten Schubladen für Momente wieder vollkommen klar wurde. Zumindest so klar, dass er seine Lage erfasste. Wie ein Kind hockte er dann mit durchgedrückten Knien auf dem Boden, und wie ein Greis fasste er sich entsetzt an den Kopf. »Mein Gott, ich bin ja verrückt. Ich bin ja vollkommen VERRÜCKT.«

In diesen Momenten war kein Platz mehr für meine Erschöpfung. In diesen Momenten war nichts als Liebe in mir. Ich sah Vater und sah den Mann, der mich auf den Schultern herumtrug. Den Mann, der mich aufhob nach einem Sturz. Vater war immer zur Stelle gewesen, wenn wir ihn brauchten. Solange es ihn gab, konnte uns nicht wirklich etwas passieren. Er war das »Haus« wie jenes Haus beim Fangenspielen, in das kein Fänger eindringen konnte.

Warum war er im Krankenhaus nicht gestorben? Mit den Szenen eines Fußballspiels vor den Augen und mit der Hand auf der Hand seines Sohns. Es wäre der Abschluss eines erfüllten Lebens gewesen. Aber das? Aber hier? Wenn man so bestohlen aus der Welt ging, war doch das ganze Leben sinnlos gewesen. Längst stand das Haus, das Vater gewesen war, leer. Der darin hauste, war nur ein Rest, ein winziger Rest von dem, der es früher ausgefüllt hatte. Und der Rest kroch mit blutenden Zehen über den Boden, um sich an Schränken und Schubläden irre zu kratzen.

Das Geräusch, wenn ich mit dem Fingernagel gegen die Ampulle klopfte. Der helle Ton, mit dem der Ampullenhals brach. Das »Röcheln«, wenn ich die letzten Tropfen hochzog. Und die winzige Fontäne, mit der ich die Luft hinausdrückte. Danach die Ruhe, die einkehrte. Die Ruhe bei Vater, die Ruhe bei mir, die Ruhe im Haus.

Nach Weihnachten wollte Vater fast täglich Morphium haben. Der Hausarzt hatte nicht einmal Einwände.

»Morphium ist ein Segen. Schon im Krieg war's ein Segen. Wenn einer sterben musste, Morphium. Und wenn einer nicht sterben konnte, mehr Morphium. Leiden braucht keiner.«

Der alte Arzt sprach so selbstverständlich vom Sterben, als sei es nichts anderes, als am Abend ein Fenster zu schließen. Und er ließ mir genügend Ampullen da, um Vater für immer zu seinen Brüdern zu schicken. Ich wusste, eine ausreichende Menge in die Vene gespritzt, brachte die Atmung zum Stillstand. Ein sanfter Tod, ein Sterben im Schlaf.

Sollte ich? Dem das Leben nehmen, der es mir gegeben hatte? Ich konnte es nicht. Schon technisch war ich nicht in der Lage. Womöglich würde ich das Gefäß gar nicht treffen oder durchstoßen, womöglich nur einen gewaltigen Bluterguss anrichten. Der Sohn als Stümper beim Versuch, den Vater zu töten? Ich konnte es nicht.

Was ich konnte, war ihm wie gehabt seine abendliche Dosis in die Muskeln zu spritzen. Er fühlte sich besser damit. Es brachte ihm Schlaf, zumindest einen Zustand der Ruhe, und mir brachte es eine Auszeit, die ich nutzte, durch den späten Abend zu laufen. In der Stunde vor Mitternacht lief ich aus dem Dorf in die Felder hinaus. Anfangs kam mir der Gedanke, ich laufe noch einmal all die Wege, die ich mit Vater gegangen war. Doch das stimmte nicht. Ich lief nicht zu Vater zurück, ich lief nicht zurück in eine unbeschwertere Zeit. Ich lief voraus in eine Zeit, die, so hoffte ich, wieder leichter sein würde.

Denn auch wenn ich Vater nicht töten konnte, so hatte ich eine andere Entscheidung getroffen. Ich würde ihn sterben lassen. Ich hatte begonnen, ihm alle Mittel zu nehmen, die sein Leben verlängerten. *Makumar*, das sein Blut verdünnte, *Torem*, das ihm Wasser entzog, *Concor*, das seinen Herzschlag stabilisierte. Der Arzt behandelt, pflegte der alte Doktor zu sagen, doch heilen kann nur die Natur. Oder ein Ende setzen. Zurücknehmen, was sie gegeben hat. Vaters Weg war zu Ende, und das Ende sollte nicht mehr verzögert werden. So sagte ich mir, und so lief ich. Über gefrorenes Gras. Über trockenen Schnee. Über die Eisschicht in meinem Herzen.

Dass Vaters Tod absehbar war, gab mir neue Geduld. Was mich vor kurzem noch aufgebracht hatte, jetzt nahm ich es hin. Dass er seine Windeln zerriss und die Fetzen im Zimmer verteilte. Dass er an seinem Zeh täglich die Kruste wegkratzte. Dass er sein Essen zurück auf den Teller hustete, oder ihm der Kaffee aus den Mundwinkeln rann. Ich wischte sein Kinn ab, ich verband seinen Fuß, ich sammelte die Windelfetzen vom Boden. Es mag seltsam, es mag unmenschlich klingen, doch all diese Zeichen, dass Vater auf dem Weg *aus* dieser Welt war, brachten meine Liebe zurück. Offenbar war es leichter, einen Sterbenden zu lieben als einen Pflegefall. Und Vater spürte, dass zwischen uns die alte Vertrautheit und Kameradschaft zurück war.

»Warte noch«, murmelte er, wenn ich ihn abends zu Bett brachte. »Setz dich noch her.«

Ich hatte ihn vom Rollstuhl auf die Bettkante gehoben und setzte mich zu ihm. Wie zwei Arbeiter auf einem Baumstamm hockten wir nebeneinander auf dem Rand seines Betts, redeten noch eine Weile, schwiegen noch eine Weile, und nicht selten legte er mir den Arm um die Schulter. So hatten wir manchmal auf Gipfeln gesessen, so hatten wir nach dem Holzspalten im Garten gesessen. So konnte er manchmal mitten im Einkaufsmarkt den Arm um mich legen: »Wir nehmen noch Eier und Speck!«

War ich sein Kamerad? Oder war ich ein Heuchler? Der verlogene Sohn, der seinen Vater umsorgte und hinter seinem Rücken dem Tod die Tür offen hielt? Ich wusste es nicht. Es war auch egal. Ich entschied hier nichts mehr. Ich war nur ein Rad, ein winziges Teil im

Räderwerk einer großen Maschine. Und die Maschine war auf dem Weg.

An einem Freitagabend war es soweit. Beim Abendessen hatte Vater noch einmal ungewöhnlichen Hunger gezeigt. Er hatte sich nachreichen lassen, und hinterher noch Kuchen und Kaffee gewollt. Das Kauen war ihm gelungen, das Schlucken war ihm gelungen, und dennoch war es kein frohes Essen gewesen. Er hatte Tränen in den Augen, und als ich fragte, was ist, winkte er ab. Er war hungrig und traurig, und je länger er aß, desto trauriger schien er zu werden. Ich sah Mutter an, und in ihren Augen schien derselbe Gedanke zu stehen: Saßen wir beim letzten Abendessen mit Vater? Teilten wir die Henkersmahlzeit mit ihm?

Nicht lange danach wollte Vater zu Bett, und im Bett wollte er nicht einmal Morphium haben. »Ich schlafe auch so«, sagte er. »Heut schlaf ich auch so.«

Tatsächlich schlief er bald ein. Sein Atem wurde so ruhig, dass es kaum noch ein Hauch war. Ich sah seinen reglosen Körper, ich sah seinen geschlossenen Mund, seine Finger hatten sich wie bei einem Kind über die Daumen gelegt. Ich dachte nichts, und ich hoffte nichts, ich war nur traurig und leer. Bald sah ich keinen Unterschied mehr, ob Vater atmete oder nicht atmete. War es so leicht? War der Schritt, wenn Leben zu Tod wird, so winzig? Neben Vater fühlte ich mich so leer, als würde mich selbst jedes Leben verlassen. Als verschwände mit Vater auch ich aus der Welt. So hockte ich da, jenseits der Zeit, fern jeden Orts. Bis Mutter hereinkam.

»Ich löse dich ab«, sagte sie. »Geh rüber und schlafe ein wenig.«

Ich stand auf und ließ Mutter mit Vater allein. Schlafen konnte ich nicht, so zog ich Jacke und Schuhe an und ging hinaus in die Nacht. Ich rannte nicht, doch ich ging so zügig, dass in meinen Muskeln keine Kälte aufkam. Ich sah meinen dampfenden Atem, ich hörte meine Schuhe im Schnee, tiefe Wolken hingen über den Hügeln. So lief ich, mechanisch und hölzern, eine Gliederpuppe, deren Fäden niemand mehr hielt.

Als ich nach Stunden zurückkam, sah ich ein Fahrzeug vorm Haus, mit dem ich nicht gerechnet hatte. Andererseits war ich auch nicht überrascht. Es war ein Kombi mit eingeschaltetem Blaulicht. *Notarzt* stand auf der seitlichen Tür.

»WAS?«

Ich konnte kaum glauben, was der Arzt mir erzählte. Doch ich sah Mutter, wie sie mit einem Verband um den Hals in ihrem Bett lag, und ich hörte, wie sie mit tonloser Stimme zu sprechen versuchte.

Sie hatte sich zu Vater gelegt, und als er wach geworden war, hatte sie ihm Lieder gesungen. Vater hatte zugehört und schließlich gefragt, wer sie sei. Deine Frau, habe sie gesagt.

»Meine Frau«, hatte er gesagt, »legt sich nicht zu anderen ins Bett.«

Daraufhin hatte sie einfach weitergesungen. Vater hatte zugehört und nach einer Weile die Hand gehoben, um sie zu streicheln. Doch aus dem Streicheln war ein Würgen geworden, beide Hände schloss Vater um ihren Hals. Mit viel Mühe hatte sich Mutter befreien können und den Notarzt gerufen.

»Es ist nicht so schlimm, dass sie ins Krankenhaus müsste«, sagte der Arzt. »Für die Blutergüsse habe ich ihr Salbe verschrieben. Und ich lasse ihr Schmerzmittel da.«

»Und was ist mit Vater?«, fragte ich.

Er habe ihm eine Beruhigungsspritze gegeben und etwas verschrieben, was er unbedingt haben wollte.

»Gehen Sie zu ihm, ich komme gleich nach.«

Ich fand Vater aufrecht sitzend im Bett. Mit dem Rücken gegen die Wand gelehnt und den Knien vor seiner Brust hockte er da wie in einer Deckung. Er hielt einen Zettel vor seinem Bauch und versuchte, ihn zu entziffern.

»Was ist?«, fragte ich. »Was ist passiert?«

Statt einer Antwort funkelte er mich an wie durch Schießscharten. Er schien zu überlegen, ob ich ein Feind oder ein Verbündeter war. Schließlich huschte ein kleines, wie listiges Lächeln über sein gehetztes Gesicht.

»Ich hab ihn«, krächzte er. »Jetzt komm ich hier raus.«

»Was hast du?«

»Den Schein. Der mich rausbringt.«

Jetzt war das listige Funkeln in seinem Gesicht nicht mehr zu übersehen. Ich trat näher, um einen Blick auf den Zettel zu werfen, doch sofort schloss er die Faust drumherum und schob sie unter den Bund seiner Schlafanzughose. Eine Schere, die er in der anderen Hand hielt, hob er gleichzeitig in meine Richtung.

»Bleib weg! Das ist nur für mich.«

»Ja«, sagte ich. »Aber was ist es? Was steht auf dem Zettel?«

Ohne die Schere zu senken, zog Vater den Zettel wieder aus seiner Hose.

»Liest du mir's vor?«, fragte ich.

Er kniff die Augen zusammen und versuchte zu lesen. Er schaffte es nicht.

»Soll ich's dir vorlesen?«

Er überlegte, dann sagte er: »Aber ich halte ihn fest.«

»Du hältst ihn fest, und ich lese.«

Ich trat näher und beugte mich über den zerknitterten Zettel. Ich brauchte einen Moment, dann wurde mir der Zusammenhang klar. Vater hatte es also geschafft. Zum dritten Mal in seinem Leben war er entkommen. Als Frontsoldat war er einem aussichtslosen Kessel entkommen. Als Kriegsgefangener war er aus dem russischen Lager geflohen. Und jetzt entkam er diesem Haus. Der Zettel, den er mit der Schere verteidigte, war ein Überweisungsschein, den der Arzt ihm geschrieben hatte: »Geschlossene Psychiatrie« stand darauf.

Als ich zur Station kam, war die Eingangstür verschlossen. Es war auch keine Klinke an der Tür, nur ein Knauf, den man nicht drehen konnte. Ich fand eine seitliche Klingel und wartete.

»Schwe-stärr!«, hörte ich drinnen jemanden brüllen.

Kurz danach rüttelte jemand von innen an der Stationstür. Er zerrte so stark, dass beide Flügeltüren ins Vibrieren gerieten.

»Manfred«, hörte ich, »gehst du weg von der Tür!«

Dann wieder: »Schwe-stärr!«

Ich klingelte ein zweites Mal. Schließlich wurde mir geöffnet, und ich erhielt die Auskunft, in welchem Zimmer sich Vater befand. Er lag in einem Raum, der vollkommen leer war. Kein Bild an der Wand, keine Vorhänge an den Fenstern, das einzige Möbel war das Bett, in dem er lag. Ein Aufnahmezimmer, nahm ich an, sie haben ihn hier abgestellt, bis sein eigentliches Zimmer hergerichtet ist. Eine Ärztin war eben dabei, ihm Blut abzunehmen. Er schaute ihr zu, dann sagte er: »Lass doch! Hör auf, gehen wir lieber ein Bier trinken.«

»Ein Bier wollen Sie trinken?«

»Ich lade dich ein.«

Die Ärztin schmunzelte. »Aber ich bin doch im Dienst.«

»Ich gebe dir frei.«

Sie setzte eine zweite Spritze auf die Kanüle und zog auch diese mit Blut voll.

»Wissen Sie überhaupt, wo Sie hier sind?«

»Im Irrenhaus.«

»Im Krankenhaus«, korrigierte sie. »Und wissen Sie, wer ich bin?«

Vater nickte.

»Zwei Brüste.«

Ich war froh, im Rücken der Ärztin zu stehen. Denn so traurig es war, am Bett seines Vaters in der Geschlossenen zu stehen, seine Bemerkung war treffend. Die Ärztin trug keinen Kittel, sondern einen Pullover, und was sich darunter hervorwölbte, hing Vater wie eine Galionsbüste überm Gesicht.

Die Frau verzog keine Miene. Sicher war sie auf dieser Station manches gewohnt. Sie trennte die Spritze von der Kanüle und klebte ein Pflaster auf Vaters Arm. Ich fragte nach seinem Zimmer. Ich hatte Wäsche und Toilettenartikel gebracht und wollte sie einräumen.

»Ich sperre Ihnen den Schrank auf.«

Sie ging zu einem grifflosen Wandschrank und öffnete ihn mit einem Schlüssel.

»Das ist sein Zimmer?«, fragte ich.

»Ja«, sagte sie selbstverständlich.

»Aber es ist gar nichts drin.«

»Was denken Sie, was hier los wäre, wenn etwas drin wäre? Und lange wäre es auch nicht drin.«

»Aber … es gibt nicht mal eine Klingel für ihn. Einen Notruf.«

»Mit dem Kabel würden sich die Patienten nur strangulieren. Und rufen tun sie auch ohne Klingel. Ich bin gleich zurück. Hallo, Manfred«, sagte sie beim Hinausgehen.

Ein Mann in Sandalen und kurzen Hosen kam jetzt herein. Sein Mund stand offen und wie ein Fremdkörper hing ihm die geschwollene Zunge heraus.

»Stopp! Falsch«, sagte ich und stellte mich wie ein Verkehrspolizist mit erhobenen Händen in seinen Weg.

Der Mann sah mich gar nicht. Mit starrem Blick steuerte er zum Heizkörper, rüttelte an den Rohren, steuerte zu Vaters Bett, rüttelte dort, zerrte an der verschlossenen Toilettentür. Dann lenkten ihn seine wie ferngesteuerten Schritte wieder hinaus auf den Flur.

Kaum war er weg, stand ein anderer in der offenen Tür. Er trug wie ein Anstreicher weiße Hosen und weißes Hemd, stützte die Arme in die Hüften und sagte: »Allerhand! Das ist ja allerhand!«

»Schwest-ärr!« Der Ruf, den ich vor der Tür schon gehört hatte, kam erneut aus einem der Zimmer. Auch andere Stimmen hingen wie ein unablässiges akustisches Netz über dieser Station.

»Gugucks!«

Kaum war der Anstreicher weitergegangen, winkten drei Frauen vom Flur. Sie waren so fest ineinander verhakt, dass ich gar nicht ausmachen konnte, welcher Arm, welches Bein und welche Handtasche zu welcher Dame gehörte. Drei Grazien, schoss es mir durch den Kopf, die drei Grazien, die beim Firmunterricht im Gemeindesaal hingen. Hier traf ich sie wieder.

»Huhu, Herr Wagner!«

»Heißt er Wagner?«

»Nein, Weber.«

»Nicht Werner?«

»Ich heiße Rita!«

»Mia.«

»Gugucks.«

»Bis nachher!«

Sie zogen weiter.

Jetzt nach dem Abendessen hatte auf dem Stationsflur eine Art Korso begonnen. Wer noch laufen konnte, bewegte sich über den Flur. Wer nur noch fahren konnte, rollte über den Flur.

»Schwest-ärr!«, tönte es wieder aus einem der Zimmer.

»ALLERHAND!«, rief der Anstreicher.

Vater schaute mich an. Dann hob er den Zeigefinger und tippte an seine Stirn. »Die spinnen. Die sind völlig plemplem.«

Seine eigene Verwirrung war nicht verschwunden, doch er war klarer als die letzten Tage zu Haus. Offenbar hatte die veränderte Umgebung in seinem Gehirn noch einmal Verbindungen geknüpft, die vorher unterbrochen waren. Mir fiel ein, was er manchmal über die Front gesagt hatte. »Im Schützengraben kannst du nicht denken. Doch alles an dir ist wie unter Strom. Da sind Kontakte angeknipst, die du gar nicht gekannt hast. Statt fünf Sinne hast du acht oder neun.«

Die Ärztin kam und bat mich zu Auskünften in einen gesonderten Raum. Ich musste Formulare ausfüllen, und sie machte sich Notizen zu Vaters Krankheitsverlauf. Als ich zurück auf den Flur kam, fand ich Vater mit anderen Patienten vor einem Fernseher. Sie hatten ihn in einen fahrbaren Sessel gehockt, über dessen Armlehnen ein Holzbrett geschraubt war. Auf den ersten Blick sah es aus wie ein Tischchen, doch sein eigentlicher Zweck war der einer Sperre. Das Brett klemmte Vater ein und verhinderte, dass er diesem Möbel entkam. Auch andere Patienten saßen in solchen Gestellen und fast alle, Männer wie Frauen, trugen ihren Urin in einem Beutel mit sich herum. Auch Vater hatten sie inzwischen einen Katheter gelegt.

Ich ging zu ihm und beugte mich an sein Ohr.

»Ich komme morgen wieder. Soll ich dir etwas mitbringen?«

Darauf sagte er nichts.

»Soll ich dir Eis mitbringen? Oder Saft? Ich kann auch Kuchen mitbringen.«

Wieder nichts. Schließlich sagte er leise, durch die geschlossenen Zähne, als wären wir von lauter Spionen umgeben: »Du weißt, was ich will. Das weißt du.«

Ich legte meine Stirn an seine Schläfe und ließ sie eine Weile dort liegen. Dann ging ich. Das heißt, ich musste warten, bis mir ein Pfleger die Stationstür aufsperrte.

Achter Stock … siebter … der sechste. Es gab einen Aufzug, doch ich nahm lieber die Treppe. Ich konnte gar nicht so viele Stufen hinter mich bringen, wie ich gerne gegangen wäre. Das Bild entfernte sich nicht. Wie winzig Vater in diesem Sessel aussah. Sein schmaler Kopf, die eingesunkenen Schultern, seine Beine wie Spinnenbeine von diesem Sperrtisch ins Polster gedrückt. Nur eines an Vater war groß. Seine Augen. Augen, die nicht zu fassen vermochten, was mit ihm geschah. Vater *war* an der Front. Und sein Sohn, die allerletzte Verbindung nach draußen, stieg langsam und hilflos Stufe um Stufe hinunter.

»Spring«, rief Vater. Ich sprang.

»Lass los«, lachte Vater, und ich glitt im Freibad die Rutsche hinunter.

»Schuss«, rief er, und ich drückte mich ab, ein Zwerg auf Skiern, zehn Meter, zwanzig, mitten in seine ausgebreiteten Arme hinein.

»Schluck!«, sagte die Schwester. »Schluck's runter!«

Vater schluckte, und sie gab ihm einen Klaps auf die Wange.

»Brav, mein Guter. Brav so.«

Sie hatte in einem Mörser Tabletten zerstampft, Wasser hinzugegeben, das Ganze in einen Kolben gezogen und Vater in den Mund gespritzt.

Vor einer halben Stunde hatte sie Vater gefüttert, und ihm den Löffel dabei immer schneller in den Mund geschoben, als er kauen konnte.

»Vielleicht fiele es ihm einfacher«, hatte ich gesagt, »wenn es langsamer ginge.«

»Wollen Sie es machen?«

»Ja.«

Sie überließ mir Teller und Löffel.

Auch jetzt überließ sie es mir, Vater den Medikamentenrest von Mund und Kinn abzuwischen. Grußlos, wie sie gekommen war, und ohne Eile schob sie ihren Tablettenwagen hinaus. Wenn mir auf der Geschlossenen Geriatrie etwas auffiel, dann war es die Langsamkeit des Personals. Ganz gleich, ob es viel oder wenig zu erledigen gab, Schwestern und Pfleger bewegten sich, als hätten sie versteckte Bremsen gezogen. Als wäre Eile jedenfalls das Letzte, was auf dieser Station angebracht war. Wahrscheinlich hatten sie Recht. Wahrscheinlich war Zeit der einzige Arzt, der in diesen Räumen auf Dauer ein Ergebnis erzielte. Die Alten wurden nicht weniger, die Arbeit wurde nicht weniger, hier war die Endstation einer Reise, die man nicht umkehren konnte. Man konnte nur abwarten, bis sich Dinge von selber erledigten.

Die Patienten freilich sahen das anders. Wenn auf dieser Station noch Feuer und Wille aufblitzte, dann in ihren Gesichtern. Manfred, der Rüttler, der in seinen kurzen Hosen Kilometer um Kilometer abspulte. Der Anstreicher mit seinem immer neu empörten »Allerhand«. Die »Gugucks«-Grazien auf ihrer Handtaschen-Runde. Oder der Boxer, ich nannte ihn Boxer, da er mit seinen Pflastern und Beulen jedes Mal irgendwo anders auf dem Fußboden saß. Auch er war noch nicht am Ende, auch er holte nur Atem, um sich aufzustemmen und gegen die nächste Tür, den nächsten Rahmen zu rennen.

Und Vater? Der Ingenieur und Bergebesteiger. Der Macher, der Querkopf, der Clown. Lebte er auf? Fand er eine neue Arena? Mischte er die Geschlossene auf wie McMurphy, der übers Kuckucksnest flog?

Tagsüber lag er reglos auf seinem Bett oder hockte

apathisch in seinem Schraubstock von Sessel. Und in den Nächten trieb ihn die Angst. Nachts kamen sie, seine toten Geschwister, seine toten Frontkameraden, die Vögel, die Katzen, die »Räuber«. Nachts trieb es ihn um. Er wollte trinken, er wollte telefonieren, er wollte Schuhe anziehen. Allzu oft ließ sich die Belegschaft nicht rufen. Sie fixierten ihn, sie sedierten ihn, sie flößten ihm so starke Beruhiger ein, dass er vor Fahrigkeit nicht mehr zu schlucken vermochte. Auch als man die Dosen verringerte, vermochte er nicht mehr zu schlucken. Dazu kam, dass sich durch die Dauerfixierung wunde Stellen auf seiner Haut bildeten. Dekubitus an den Fersen, am Gesäß, an den Schultern.

»Das ist das geringere Problem«, sagte der Oberarzt. Was ihm mehr Sorgen bereite, sei Vaters Gesamtzustand. Wasser in seiner Lunge, Wasser in seinen Beinen, Atemaussetzer.

»Ihr Vater ist multimorbid. Wir können seine Lungen entwässern, doch das schädigt die Niere. Wir können sein Blut verdünnen, dabei kann er verbluten. Verringern wir die Verdünnung, droht ihm ein Schlaganfall …«

Multimorbid. Das hieß wohl, dass Vater an mehreren Krankheiten starb.

»Wenn es Vater so schlecht geht«, sagte ich, »warum lassen Sie ihn dann nicht sterben?«

»Das tun wir«, sagte der Arzt. »Wie beschränken uns auf die Basisbehandlung. Unsere Maßgabe ist, dass er nicht unnötig leidet. Das schließt allerdings aus, dass er verhungert. Ihr Vater ist kein Fall mehr für die Gerontopsychiatrie. Er braucht Infusionen, er braucht Beatmung, er braucht eine Magensonde. Wir müssen ihn auf die Innere verlegen.«

»Wann wollen Sie das tun?«

»Jetzt gleich.«

Ich ging wieder zu Vater ins Zimmer.

Er hatte die Augen geschlossen und dämmerte vor sich hin. Vielleicht war er auch eingeschlafen, tagsüber fiel er öfter in Schlaf. An Arm- und Fußgelenken hatten sie ihn gefesselt, eine Infusion tropfte in seinen Arm, unter der Decke ragte der Schlauch seines Blasenkatheters heraus. Sein linker Fuß war wegen der Eiterzehe verbunden. Vaters Gesicht war gelblich verfärbt, und wo sein Mund gewesen war, war nur noch ein Loch. Schon vor Tagen hatte er geklagt, dass sein Gebiss nicht mehr passte, durch den Gewichtsverlust hatte sich der Kiefer verändert. Heute hatten sie ihm seine Prothesen nicht mehr angezogen.

Ich stellte mir nicht vor, wie Vater morgen oder in einer Woche aussehen würde. Was ich hier sah, genügte. Schläuche in seinen Adern, Kabel auf seiner Brust, eine Windel am Hintern, Urin am Knie, Verstand null.

Ich schaute zum Fenster. Dann auf die Wand. Als Vater schließlich erwachte, ließ ich mir den Toilettenschrank öffnen und setzte ihm wenigstens das Gebiss wieder ein.

Vater wurde nicht in die internistische Abteilung verlegt. Man schob ihm keinen Schlauch durch den Hals, man bohrte keine Sonde durch seinen Bauch, man stülpte ihm keine Atemmaske übers Gesicht. Vater kam am nächsten Morgen nach Haus, und dort ist er zwei Wochen später gestorben.

Er starb nicht an einer Überdosis Morphium, er erstickte auch nicht unter dem Druck eines Kissens, er holte sich keine Lungenentzündung, wenn ich ihn nachts auf dem kalten Flurboden ließ.

Dass ich meine Daumen in seine Wangen bohrte, um ihn zu füttern, dass ich ihm Arme und Beine verdrehte, um seine Windeln zu wechseln, dass ich ihn mit einem Bauchgurt an der Matratze festband, »Schlafen! Schlafen sollst du!«, das alles ertrug er. Trug er, wie er früher sein Gepäck in die Berge trug. »Ein gutes Biwak hat sein Gewicht.«

Woran er starb war, dass ich seinen Galgen entfernte. Der Bettgalgen half überhaupt nicht. Ich stieß mich daran, und Vater nutzte er nichts. Ich schraubte die

Triangel ab, ich zog das Rohr aus dem Fuß, doch Vater hielt das Rohr fest.

»Lass los«, sagte ich.

»Nein! Das brauche ich noch!«

»Wozu brauchst du das? Lass los!«

Er hielt das Rohr fest. Seine Finger, die keinen Strohhalm mehr knickten, seine Hände, denen jeder Löffel entglitt, sie schlossen sich um diesen Schaft, dass das Weiße unter den Nägeln durchkam. Ich zog ihm die Daumen nach hinten, ich verbog seine Finger, er hielt immer noch fest.

»Spinnst du? Gib her!«

Schließlich schlug ich ihm die Faust auf die Knöchel, gerade und hart, wie von allein schlug sie zu. Es schmerzte mich selbst, doch Vaters Schmerz war nichts gegen das Entsetzen, mit dem plötzlich der Nebel zerriss. Aus riesigen Augen starrte er hoch und sagte in völliger Klarheit: »Tom! Du bist gar nicht Tom! Der bist du gar nicht.«

Zwei Nächte später ist Vater gestorben. Ich ließ ihm den Galgen, ich fixierte ihn nicht mehr, ich ließ die Tür zu ihm wieder offen. Doch er rief nicht, er kroch nicht, nicht mal gedreht wollte er werden. Er sprach nicht mehr, und sein Blick ging an mir vorbei. Als ich im frühen Licht in sein Zimmer trat, lag er mit den geschlossenen Fäusten auf seiner reglosen Brust.

Wieder ist der erste Januar, und wie an jedem Neujahrstag steige ich mit den Skiern zum Gipfel hinauf. Gehe den Weg, über den Vater und seine Kameraden als junge Männer das Gipfelkreuz trugen. Warum ich hinaufsteige, Jahr für Jahr? Weil ich ihn umgebracht habe? Ich habe Vater nicht umgebracht. Ich dachte daran, wieder und wieder, doch ich konnte es nicht. Und doch war am Ende jemand verschwunden. Den letzten Menschen, den Vater noch kannte, gab es am Ende nicht mehr. So habe ich den Sohn umgebracht. Und daran ist der Vater gestorben.

Hallo, Vater, sage ich manchmal, wenn ich vor einer Ampel stehe. Wenn ich Baukräne sehe. Wenn eine schöne Frau vorübergeht. Oder wenn ich Holz schleppe. Und spalte. Wenn ich mit Spänen Feuer entfache. Oben im alten Herd eines Winterraums. Hallo, Vater. Sollen wir Speck braten? Und Kartoffeln dazu? Und hinterher Kaffee aufbrühen? Der Geruch frischen Kaffees morgens um fünf, das ist Vater. Er steht am Bach, wenn die Sonne die Nebelbänke auflöst. Und er geht neben mir, wenn ich über Gras laufe. Er ist das Geräusch der Schneeflocken auf einem Zeltdach, und der Wind, der im Sommer das Kornfeld bewegt. Er verschwindet auch wieder, doch wenn ich ihn sehen will, ist er da, verlässlich und stumm wie eine alte Scheune am Wegrand.

Ich muss oft lachen, wenn ich an ihn denke. Auch andere lachen, wenn die Rede auf ihn kommt. Den Hut aus der Stirn heben, sich am Hinterkopf kratzen und den nächsten Einfall aushecken, das ist Vater gewesen. Die großen Ohren, die krumme Nase, das ewige Jungengesicht. Er braucht keinen Grabspruch, doch wollte er einen, würde ich schreiben: »Er dachte bis zuletzt, es fängt heute erst an.«

Und dass es dann doch zu Ende ging? Und wie es zu Ende ging? Ohne dass wir eine Abkürzung fanden?

Vater, hättest du mich umgebracht? Kann sein. Ich trau es dir zu. Groß genug warst du. Vielleicht hättest du den Zeitpunkt gefunden. Ich hab ihn verfehlt.

Nun, alles kann man nicht richtig machen. Auch du hast nicht alles richtig gemacht. Aber du warst richtig, mit all deinen Fehlern.

»Vater, warum müssen wir jedes Jahr auf die Schneeglocke?«

»Weil es der Berg ist, der bis an die Wolken reicht. Und weil unser Kreuz oben steht. Und weil man sich kümmern muss, wenn man ein Kreuz hat. Setz deinen Ski anders auf! Das ganze Fell auf den Schnee.«

Ich setze das ganze Fell auf den Schnee. Und bringe das ganze Gewicht auf den Ski. Und meine Augen halte ich offen. Für die Wolkenbilder und für die Zeichen des Schnees. Im Schnee zu lesen habe ich von Vater gelernt. Auch meinen Weg durch die Felsen zu finden, hat mich Vater gelehrt. Von den anderen Dingen sagte er nichts, doch auch die lernte ich. Dass der Berg alles vergrößert. Den Schluck Wasser, das Stück Brot, die Regenwolke, den Sonnenfleck. Der Berg fasst dich an, du fasst ihn an, und am Ende bist du wieder der kleine Junge mit dem ganzen Zauber, der durch die Handflächen fließt.

Eines allerdings hat mir auch der Berg nicht verraten. Was man tut, wenn der Vater nicht stirbt. Wenn sein Leben vorbei ist, aber er stirbt nicht.

Hallo, Vater! Weißt du noch, wie ich zum ersten Mal die Schneeglocke sah? Sie schien mir so mächtig und hoch, als könnten nur Adler den Gipfel erreichen. Und die einzige Spur war die eines Hasen. Und wieder zu Hause weißt du noch, was ich sagte?

»Wenn ich groß bin, werde ich alle Berge besteigen.«

»Alle?«

»Auf der ganzen Welt.«

»Das ist weit.«

»Ich gehe früh los.«

Auch heute bin ich früh los. Der Firn unter meinen Fellen ist hart gefroren. Doch die Nacht ist vorbei, und hinter dem Grat setzt die Sonne erste Wolkenränder in Brand.

»Papa, warum musst du jedes Jahr auf diesen Berg?«, hat mich Lena gefragt.

»Weil es der Berg ist, der bis zu den Wolken reicht. Und weil dort oben der Schnee liegt, der das Fell des Hasen und die Federn des Adlers weiß färbt. Der hohe

Schnee, der alles schluckt, auch alle Traurigkeit. Und weil da oben das Kreuz steht, von dem Opa so gerne erzählt hat. Das Schneeglockenkreuz mit dem Gipfelbuch, in dem er lesen kann, wer ihn besucht hat.«

* * *

Foto: A. Klam

Martin Bettinger, 1957 in Neunkirchen geboren, schrieb fünf Romane und zwei Erzählbände, darunter zuletzt im Conte Verlag *Wo der Tag beginnt – Storys aus Neuseeland*. Er erhielt mehrere Preise, unter anderem den Gustav-Regler-Förderpreis und das Berlinstipendium der Landeshauptstadt. Zuletzt war er Writer-in-Residence in Wellington, Neuseeland.

www.martin-bettinger.de

Martin Bettinger im Conte Verlag

222 Seiten, ISBN 978-3-941657-03-8, 14,90 €

Ein Mann war zu viel. Und zwei zu wenig ...

Laura, 36, will nach der Scheidung ihre Freiheit genießen. Sie beginnt mit einem Schauspieler eine Affäre. Mit einem Regisseur und dessen Freund stellen sich weitere Liebhaber ein. Als schließlich Simon, Mann Nummer vier, vor der Tür steht, ist nichts mehr wie früher. Simons Vitalität wirkt wie eine Droge, und plötzlich macht in Lauras Straße jeder jedem den Hof. Nur einer bleibt skeptisch. Blum, Lauras stiller Verehrer seit Jahren. Männer, so seine Meinung, haben schon immer über ihre Potenz gelebt. So wundert ihn nicht, dass ein Liebhaber nach dem anderen verunglückt. Womöglich hat Blum selbst seine Hände im Spiel, denn was Laura angeht, ist er sicher: »Laura ist nicht meine Frau, doch meine Liebe. Und sie wird meine Frau werden, sobald ich ihre Liebhaber aus dem Weg geschafft habe.«

Martin Bettinger im Conte Verlag

192 Seiten, ISBN 978-3-941657-73-1, 15,90 €

In einer Bucht auf der Südinsel Neuseelands haben sich Auswanderer verschiedenster Länder niedergelassen. Was Martin Bettinger zwischen Glücksrittern und Pechvögeln, Tagelöhnern und Strandhausbesitzern erlebt, erzählt er in 61 Shortcuts.

Storys über Menschen, die aufbrachen, ein anderes Leben zu führen. Sie fanden kein Land, das ihnen Antworten gab. Doch sie fanden eine Bucht, die eine Einladung war, die alten Fehler neu zu begehen.

»Die Welt auf der anderen Seite Europas ist so wenig heil wie unsere, doch Martin Bettinger kratzt die Kurve mit verblüffenden Bildern und federleichtem Humor.«

Hessischer Rundfunk